O Pequeno Livro do

SANTO GRAAL

Sangeet Duchane

O Pequeno Livro do
SANTO GRAAL

Tradução:
CARMEN FISCHER

EDITORA PENSAMENTO
São Paulo

Título original: The Little Book of the Holy Grail.

Copyright © 2004 The Book Laboratory Inc.

Todos os direitos reservados. Nenhuma parte deste livro pode ser reproduzida ou usada de qualquer forma ou por qualquer meio, eletrônico ou mecânico, inclusive fotocópias, gravações ou sistema de armazenamento em banco de dados, sem permissão por escrito, exceto nos casos de trechos curtos citados em resenhas críticas ou artigos de revistas.

A Editora Pensamento-Cultrix Ltda. não se responsabiliza por eventuais mudanças ocorridas nos endereços convencionais ou eletrônicos citados neste livro.

Dados Internacionais de Catalogação na Publicação (CIP)
(Câmara Brasileira do Livro, SP, Brasil)

Duchane, Sangeet
   O pequeno livro do Santo Graal / Sangeet Duchane; tradução Carmen Fischer. -- São Paulo : Pensamento, 2006.

   Título original: The little book of the holy grail.
   ISBN 85-315-1474-6

   1. Graal 2. Graal - Lendas - História e crítica 3. Romances arturianos I. Título.

06-7287   CDD-398.22

Índices para catálogo sistemático:
1. Graal : Literatura folclórica : História e crítica 398.22
2. Santo Graal : Literatura folclórica : História e crítica 398.22

O primeiro número à esquerda indica a edição, ou reedição, desta obra.
A primeira dezena à direita indica o ano em que esta edição, ou reedição, foi publicada.

Edição
1-2-3-4-5-6-7-8-9-10-11

Ano
06-07-08-09-10-11-12-13

Direitos de tradução para o Brasil
adquiridos com exclusividade pela
EDITORA PENSAMENTO-CULTRIX LTDA.
Rua Dr. Mário Vicente, 368 — 04270-000 — São Paulo, SP
Fone: 6166-9000 — Fax: 6166-9008
E-mail: pensamento@cultrix.com.br
http://www.pensamento-cultrix.com.br
que se reserva a propriedade literária desta tradução.

Sumário

Introdução 7
    O que é o Graal? 9
    Quem leva o Graal? 10

O Graal através da História 13
    As Cruzadas para a Terra Santa 15
    A Ordem de Sião 21
    Os Cavaleiros Templários e os Cistercienses 23
    Os Cátaros 29
    O Amor Cortês 35
    Os Trovadores 41
    A História nas Lendas do Graal 45

Duas Versões da Lenda do Graal 55
    A Versão Celta: A Busca de Perceval 57
    Le Conte del Graal 61
    Uma Versão Cristã: A Busca de Galahad 77
    Le Mort D'Arthur 83

Resgatando o Aspecto Feminino do Cristianismo 123
    A Versão Secreta: O Cálice é uma Mulher 124
    Maria Madalena e o Sangue Sagrado 131
    A Conspiração Continua? 143

A Busca do Santo Graal nos Dias de Hoje 153

O Pequeno Livro do Santo Graal

Introdução

A lenda do Santo Graal ou Sangreal existe há mais de oitocentos anos e continua com o poder de arrebatar corações e estimular a imaginação. Encontramos hoje suas tramas e narrativas em livros, filmes e entrelaçadas na cultura popular. Qual é, afinal, a magia dessa lenda?

Quando começamos a examinar a lenda do Graal, a primeira coisa que observamos é que não existe apenas uma versão, mas muitas, e com muitas variações. Nós vamos recontar duas dessas versões. A primeira narrativa formal do Graal, *Le Conte del Graal*, foi escrita por Chrétien de Troyes, no século XII. Cerca de trinta anos depois, um grupo de escritores – muitos estudiosos acham que eram monges cistercienses – compilou e reescreveu várias versões da lenda do Graal. Parte desse material foi posteriormente traduzido e modificado por sir Thomas Malory e publicado com o título *Le Mort D'Arthur*.

Existem outras versões da lenda que nos são familiares. O cavaleiro bávaro Wolfram von Eschenbach escreveu a narrativa que serviu de base para a ópera de Wagner *Parsifal*, e Alfred Lord Tennyson escreveu outra versão da lenda.

O Pequeno Livro do Santo Graal

O que é o Graal?

O próprio Graal varia muito nessas lendas. Muitas pessoas vieram a acreditar que o Graal fosse a taça ou o cálice usado para conter o sangue de Cristo quando ele morreu na cruz, mas essa era apenas uma versão. Na história original, o referido "Graal" não era uma taça, mas um prato ou travessa de servir. Em outras versões da lenda, o Graal aparece diversamente como o prato no qual Jesus comeu o cordeiro pascal na Última Ceia, o cálice do primeiro sacramento, a taça em que José de Arimatéia ou Maria Madalena conteve o sangue de Jesus quando ele estava pendurado na cruz ou quando foi retirado dela, uma bandeja contendo a cabeça de um homem nadando em sangue (como na história de João Batista), uma cabeça de Jesus esculpida, a esmeralda que caiu da coroa de Lúcifer quando ele despencou no inferno ou uma visão beatífica.

Quem leva o Graal?

À**S VEZES, UMA LINDA JOVEM OU DONZELA LEVA O GRAAL; EM OUTRAS**, ele flutua pelo ar ou num feixe de luz própria; em outras, ainda, é José de Arimatéia que aparece com ele. Muitas vezes, o Graal vem acompanhado de uma procissão de jovens, homens e mulheres, ou anjos, portando velas, lanças, tabuinhas e outros instrumentos ritualísticos.

INTRODUÇÃO

O Pequeno Livro do Santo Graal

O Graal Através da História

A MAIOR PARTE DAS NARRATIVAS EM TORNO DO GRAAL FOI ESCRITA entre 1190 e 1240 d.C. Para se entender a lenda do Graal, é importante saber o que acontecia nesse período da História.

Era uma época de entusiasmo e fervor religioso. Como a vida humana valia pouco e era facilmente perdida, estava se criando um código de cavalheirismo para ajudar a controlar a violência. O cavalheirismo podia se expressar pelo serviço a um rei ou país, mas também por algum tipo de busca religiosa ou espiritual.

Surgiam novas idéias com respeito às relações românticas, às mulheres e ao amor. Dessa mescla, nasceu uma grande lenda e iniciou-se uma longa busca que continua até hoje.

O Pequeno Livro do Santo Graal

As Cruzadas para a Terra Santa

A PRIMEIRA CRUZADA PARA AS TERRAS SANTAS FOI ORGANIZADA pelo papa Urbano II em 1095. Alegava-se publicamente que a cruzada era necessária porque os governadores turcos de Jerusalém estavam atacando os peregrinos cristãos e profanando os lugares sagrados dos cristãos. A razão não assumida publicamente era que os turcos estavam ameaçando o Império Cristão Oriental em Constantinopla e que na Europa havia combatentes demais sem inimigos contra os quais lutarem. Convocar uma cruzada popular foi a maneira mais fácil que o papa Urbano II encontrou para conquistar o apoio público em favor de uma guerra contra o povo conhecido como sarracenos e, talvez, para restabelecer as relações com a Igreja Oriental também.

Os promotores das Cruzadas descreviam os muçulmanos como bárbaros, muito embora a cultura dos sarracenos, com suas artes, ciências, poesia e filosofia altamente desenvolvidas, estivesse muito à frente da dos invasores europeus. Os sarracenos tinham um nível cultural que os europeus só conseguiram atingir no período do Renascimento. A ironia das cruzadas é que elas acabaram se tornando as responsáveis pelo retorno dessa cultura islâmica para partes da Europa que jamais haviam tido contato com tais idéias.

Conforme veremos, essa mesma cultura islâmica pode ter incluído partes das lendas do Graal.

Para promover a cruzada, o papa declarou que a todos os cruzados seria concedido o perdão de todos os pecados, sem penitência, inclusive os pecados cometidos durante as cruzadas, um lugar garantido no céu e todas as riquezas que conseguissem pilhar. Como isso podia ser interpretado como permissão para extorquir, matar e pilhar, não foi nenhuma surpresa o fato de as cruzadas apresentarem uma brutalidade sem limites.

Contrariando todas as probabilidades, a primeira cruzada foi bem-sucedida e Jerusalém foi tomada em 1100. A tomada de Jerusalém foi um banho de sangue, no qual seus participantes proclamaram ter assassinado impiedosamente habitantes de todas as idades. O Reino de Jerusalém foi instaurado e Godofredo de Bulhão, proclamado o seu primeiro monarca. As Terras Santas, ou o Levante, foram divididas em quatro estados: Antioquia, Edessa, Trípoli e Jerusalém.

Em 1146, Edessa caiu em poder dos sarracenos e convocou-se a segunda cruzada para recuperá-la. Foi o papa Eugênio III que emitiu a convocação, mas os verdadeiros apelos apaixonados em favor da guerra foram feitos pelo mentor do papa, Bernardo de Clairvaux. Bernardo fez sermões na Alemanha e na França, conclamando o povo a lutar na guerra. O esforço, entretanto, foi malogrado e acabou com o cerco fracassado a Edessa, em 1148.

Jerusalém caiu em poder dos sarracenos em 1187 e a terceira cruzada foi organizada para reivindicar a sua posse, mas esse empreendimento também fracassou.

O Graal Através da História

No começo do século XIII, o papa Inocêncio III convocou uma quarta cruzada, para retomar Jerusalém. Mas como não se conseguiu dinheiro suficiente para uma nova cruzada, os cruzados fizeram um acordo com os venezianos para que estes arcassem com o custo dos navios de guerra. Em troca, os cruzados concordaram em ajudar os venezianos a invadir o Império Cristão de Bizâncio e acabaram saqueando Constantinopla e matando inúmeros cristãos orientais. Por causa disso, o papa Inocêncio III excomungou-os temporariamente da Igreja, mas, quando eles voltaram para a Europa com as riquezas pilhadas, a excomunhão foi suspensa. Os cruzados estavam satisfeitos com a pilhagem que fizeram em Constantinopla e Jerusalém foi esquecida.

Os imperadores bizantinos vinham colecionando relíquias sagradas cristãs havia cinco séculos e tinham conseguido amealhar uma enorme coleção. Os exércitos invasores europeus que saquearam Constantinopla roubaram inúmeras dessas relíquias. Algumas delas se perderam, mas muitas foram levadas de volta para a Europa e acabaram formando a base dos locais de peregrinação da cristandade européia, nos séculos seguintes.

O Graal Através da História

O Pequeno Livro do Santo Graal

A Ordem de Sião

A TOMADA DE JERUSALÉM, POR MAIS EFÊMERA QUE TENHA SIDO, exerceu sobre a Europa um impacto tão grande que seus efeitos duraram muito mais que o próprio reino de Jerusalém. Uma das ordens religiosas de Jerusalém era a Ordem de Sião, uma seita que, segundo dizem alguns, existe até hoje como uma organização laica chamada Priorado de Sião. Ela é considerada por alguns como sendo a verdadeira guardiã do segredo do Graal.

A *Ordre de Sion* foi fundada por Godofredo de Bulhão, o primeiro rei de Jerusalém, em 1190, dez anos antes da conquista de Jerusalém. Quando Godofredo se tornou rei, ele mandou construir um mosteiro no Monte Sião, em Jerusalém, e deu-o à ordem. O mosteiro ficou conhecido nos antigos documentos como o Mosteiro de Nossa Senhora do Monte Sião.

Alguns dos primeiros membros da ordem eram ligados a Bernardo de Clairvaux e ao Conde de Champagne.

O Pequeno Livro do Santo Graal

Os Cavaleiros Templários e os Monges Cistercienses

A famosa Ordem dos Cavaleiros Templários também foi fundada em Jerusalém um pouco depois de 1115. Essa ordem foi criada por um grupo de homens que tinha relações muito próximas com Bernardo de Clairvaux. Três dos fundadores da Ordem dos Templários deviam lealdade ao Conde de Champagne e, inclusive, ao tio do conde, que tinha relações estreitas com Bernardo de Clairvaux. O conde doou a propriedade a Bernardo, que construiu no local seu bem-sucedido mosteiro de Clairvaux. Bernardo estabeleceu a regra dos templários, apoiou-os e promoveu-os após a sua fundação. Nas duas décadas que se seguiram ao estabelecimento dos templários, tanto a Ordem dos Cavaleiros Templários quanto a dos Monges Cistercienses cresceram espantosamente, recebendo muitas doações em terras e dinheiro.

A Ordem dos Cavaleiros Templários não demorou em se tornar a mais rica e poderosa da Europa e, em 1139, o papa declarou que os templários só deviam satisfação a ele e estavam acima da autoridade de qualquer governante civil. Os templários consolidaram seu poderio econômico e tornaram-se o primeiro banco europeu a permitir que os viajantes depositassem dinheiro em um local da Ordem e o sacassem em outro.

O motivo do crescimento e poder surpreendentes dos templários tem sido um dos mistérios ainda não desvendados da história. Uma explicação possível para tanto poder seria o fato de que eles, como outros, colecionavam relíquias que, de acordo com as crenças da época, tinham poderes extremamente benéficos, muito semelhantes aos do Santo Graal. Acredita-se que os templários tivessem a posse do Sudário de Turim no período entre 1207 e 1307, e que isso teria lhes conferido um imenso prestígio. As pessoas que faziam doações aos templários podiam se beneficiar do poder das relíquias que eles guardavam. Existem lendas segundo as quais os templários também possuíam um grande tesouro.

Os templários foram abrigados por Balduíno I, o segundo rei de Jerusalém, na ala do palácio real que havia sido construído sobre os alicerces do Templo de Salomão. O Manuscrito de Cobre, antigo documento judaico gravado em folhas finas de cobre, foi de fato encontrado em Qumran e faz parte dos Manuscritos do Mar Morto. Nele consta que os judeus enterraram várias arcas com tesouros e, embora não informe onde o tesouro possa ter sido enterrado, muitos acreditam que parte dele encontre-se sob o Templo de Jerusalém. Muitas pessoas acreditam que os templários tenham escavado ali e levado parte desse tesouro para a Europa. Para outras pessoas, o tesouro dos templários era constituído de conhecimentos em forma de manuscritos.

Os templários ficaram conhecidos pelos seus talentos combativos e foram considerados a melhor força guerreira da Europa daquela época. Ironicamente, eles também tiveram boas relações com os sarracenos, seus inimigos declarados. Eles colecionavam manuscritos e estudavam ciências, arte e filosofia. Esculturas em suas preceptorias ou mosteiros mostravam que eles conheciam a astrologia, a alquimia, a geometria sagrada, a numerologia e a astronomia. Eles costumavam ter boas relações com os cátaros (albigenses) de Languedoc, que mantinham relações comerciais com os sarracenos e conviviam pacificamente com eles. Os templários também tinham relações com várias comunidades judaicas, inclusive com aquelas que se dedicavam ao estudo da Cabala ou do misticismo judaico.

Depois que os sarracenos retomaram Jerusalém, bem como outras partes do Oriente Médio, o papel dos templários como força guerreira ficou ultrapassado. Eles continuaram sendo financistas e conselheiros políticos, mas não sem fazer muitos inimigos, que se ressentiam do seu poder e riqueza. O maior inimigo dos templários foi o rei Filipe IV da França. Depois de algumas manipulações que, provavelmente, envolveram o assassinato de pelo menos um papa, Filipe conseguiu levar seu fantoche, Clemente V, ao poder em Avignon como papa. Em 1307, Clemente V e Filipe IV fizeram um acordo para prender todos os cavaleiros templários na França e tomar sua propriedade. Os templários que foram detidos na França foram submetidos à prisão e à tortura, e muitos deles foram queimados vivos. Entretanto, parece que os templários foram avisados antecipadamente sobre a ordem de prisão e um grupo deles conseguiu fugir, levando consigo todo o tesouro da Ordem. Acredita-se que eles tenham ido, por terra, até os navios dos templários no norte da França e partido para um porto seguro. Nem a frota nem o tesouro dos templários voltaram a aparecer em narrativas históricas.

Os cavaleiros templários também estão ligados à lenda do Graal em outros sentidos que não são as descobertas que fizeram de relíquias na Terra Santa Wolfram von Eschenbach, um dos autores mais proeminentes que escreveram sobre o Graal, visitou-os em Jerusalém e transformou-os nos guardiões do Graal, em seu romance *Parzival*. Muitos autores posteriores também incluíram os templários na lenda do Graal. O escudo de Galahad em *Le Mort D'Arthur* é um escudo templário, apesar de constar na narrativa que a cruz vermelha sobre o escudo foi desenhada por José de Arimatéia com seu próprio sangue. Esse detalhe pode ter sido incluído para indicar as origens religiosas elevadas dos cavaleiros templários, uma vez que José de Arimatéia é nessa lenda o grande mensageiro cristão.

O Graal Através da História

O Pequeno Livro do Santo Graal

Os Cátaros

UMA OUTRA SEITA SECRETA DESSA ÉPOCA NOS PERSEGUE ATÉ HOJE: a dos cátaros da região de Languedoc, atualmente parte do território da França. Eles são comumente chamados de gnósticos, mas a verdade é que sabemos muito pouco a respeito do que eles pregavam ou acreditavam. A prática comum da Igreja daquela época era destruir os escritos de quem quer que fosse que ela considerasse "herege" e, portanto, a única informação que temos a respeito de vários grupos e indivíduos foi o que seus adversários escreveram. Grande parte do que passou a ser considerado como certo sobre os cátaros baseou-se em outras seitas tidas como de gnósticos, como dos arianos, os marcionitas e maniqueus.

Os cátaros formavam um povo pacífico, nem um pouco violento, que viviam numa região de terras férteis. A cultura deles era avançada e eles praticavam um intercâmbio tanto de mercadorias quanto de conhecimentos com os sarracenos e com os judeus no Oriente, bem como com seus vizinhos da Europa Ocidental. Eles conheciam as línguas européias, como também o grego, o árabe e o hebraico. Traduziram e estudaram os manuscritos arábicos e tinham centros dedicados ao estudo da música, da medicina e da filosofia orientais. Havia escolas de estudos da Cabala em Lunel e Norbonne. A nobreza cátara, diferentemente da maioria de seus vizinhos, era instruída e letrada.

Os trovadores surgiram e se multiplicaram em suas cortes e seriam esses mesmos trovadores que iriam levar os relatos que acabaram se tornando parte da lenda do Graal para as diversas cortes do continente europeu.

A religião dos cátaros não era uma igreja institucionalizada como o cristianismo ocidental da época, com doutrina e dogma. Os cátaros acreditavam na tolerância religiosa e aceitavam diferentes pontos de vista. Eles tendiam a acreditar na reencarnação e reconheciam o aspecto feminino de Deus. Além disso, eles rejeitavam a idéia de hierarquia religiosa, como também a crença de haver alguém que intercedesse entre Deus e os homens. Seus pregadores ou professores eram tanto homens como mulheres, fato esse que enfurecia o clérigo masculino da Igreja. Os cátaros acreditavam que o conhecimento obtido por meio do próprio discernimento era mais importante do que a mera aceitação de conhecimentos de segunda mão ou transmitidos por alguma autoridade.

Os cátaros não incentivavam a procriação, embora não fossem contra o exercício da sexualidade. Os seus professores ou *parfaits* recebiam o sacramento do *Consolamentum*, pelo qual assumiam o compromisso do celibato, mas normalmente só faziam isso quando já tinham certa idade e haviam vivido uma vida plena. Muitos deles só recebiam o sacramento no leito de morte. Dizia-se que os cátaros praticavam o controle da natalidade e, talvez, até mesmo o aborto, o que deixava a Igreja ainda mais enfurecida.

Os cátaros eram críticos ardorosos tanto da corrupção financeira quanto da violência utilizada pela Igreja. Eles não desperdiçavam dinheiro em templos, mas faziam seus cultos ao ar livre, quando possível, ou em qualquer recinto

disponível. Eles comiam peixe e verduras, porém nada de carnes, e praticavam meditação.

    Desnecessário dizer que, intrigados, alguns de seus vizinhos acabaram se interessando por suas idéias. As crenças dos cátaros começaram a se difundir, fato que deixou a Igreja ainda mais alarmada. Em determinada ocasião,

O Pequeno Livro do Santo Graal

Bernardo de Clairvaux pronunciou-se contra eles, mas, ao visitá-los, constatou que se tratava de pessoas devotas. Não foi essa, no entanto, a opinião de Domingos de Gusmão, o fundador da Ordem dos Dominicanos. Ele foi até Languedoc para convencer os cátaros de que estavam errados. Não conseguindo, recomendou o uso da força para obrigá-los a adotar a doutrina da Igreja.

Em 1208, um emissário papal foi assassinado em Languedoc, não por um cátaro, mas supostamente por alguém que apoiava os cátaros, ou seja, o Conde de Toulouse. Isso bastou para que o papa Inocêncio III convocasse outra "cruzada", que passou a ser chamada de Cruzada Albigense.

O uso da palavra "cruzada" era uma forma óbvia de tentar mascarar um genocídio que a Igreja praticou sistematicamente ao longo de quarenta anos, até destruir todo um povo e sua cultura. Mais uma vez, pessoas de todas as idades e de ambos os sexos foram massacradas. Às vezes, grandes grupos de pessoas eram capturados e, em seguida, queimados vivos, caso não renunciassem à sua fé. Os cátaros foram quase totalmente dizimados, mas conta uma lenda que antes da queda da última fortaleza em Montségur, quatro *perfecti* ou *parfaits* escaparam, pulando o muro e levando consigo os livros e o tesouro dos cátaros.

Os cavaleiros templários mantiveram oficialmente uma posição de neutralidade nessa guerra, embora, na prática, eles tenham lutado muitas vezes do lado dos cátaros e o dirigente da Ordem tenha declarado que só havia uma cruzada – aquela contra os sarracenos.

O Amor Cortês

UMA DAS PESSOAS MAIS NOTÁVEIS DESSA ÉPOCA FOI LEONOR DA Aquitânia, herdeira de grandes extensões de terra e de uma notável fortuna. Aos 15 anos, ela se casou com o rei da França, Luís VII. Quatro anos após o casamento deles, Bernardo de Clairvaux começou a pregar em favor da segunda cruzada, que ambos, Leonor da Aquitânia e Luís VII apoiaram. Leonor da Aquitânia procurou Bernardo de Clairvaux para lhe prometer milhares de seus vassalos como cruzados. Bernardo de Clairvaux ficou provavelmente um pouco menos satisfeito com a oferta quando soube que ela mesma também pretendia participar da cruzada. Leonor da Aquitânia, conforme muitos homens puderam comprovar ao longo de sua vida, não se deixava dissuadir facilmente. Ela e trezentas mulheres de sua corte e servas participaram da segunda cruzada, com o propósito de tratar dos feridos.

No caminho, surgiu uma disputa entre Luís VII e o tio de Leonor da Aquitânia, Raimundo. Luís VII queria seguir para Jerusalém, enquanto Raimundo pretendia seguir diretamente para Edessa e tomá-la de volta dos sarracenos. Leonor estava de acordo com o tio e, quando o marido insistiu para que ela obedecesse às suas ordens, ela anunciou publicamente que o matrimônio entre eles não era legal pelo fato de serem parentes próximos demais. O rei Luís VII conseguiu finalmente obrigá-la a participar de sua marcha para Jerusalém. Quando finalmente o ataque a Edessa fracassou, Leonor e Luís retornaram para a França em navios separados. Leonor da Aquitânia deu ao rei Luís VII duas filhas antes de ter o casamento anulado, alguns anos depois, pelos motivos que ela havia alegado anteriormente. Ela deixou as filhas com Luís para serem criadas na corte da França.

Aos 30 anos, ela se casou com Henrique de Anjou (embora tivesse com ele o mesmo grau de parentesco que tinha com Luís), onze anos mais novo do que ela. Dois anos depois, ele se tornou rei da Inglaterra. Ela passou então muitos anos dando à luz oito filhos, entre eles, o seu preferido, Ricardo Coração de Leão.

Por volta de 1170, ela instalou sua famosa corte em Poitiers, onde as práticas do amor cortês, que iriam exercer um papel extremamente importante na lenda do Graal, foram desenvolvidas. Como os cátaros, e a despeito de ter

O Graal Através da História

sido uma fervorosa cruzada, Leonor tinha boas relações com os mouros espanhóis e tornou-se patrona de poetas, músicos e trovadores. Em suas cortes de amor, diz-se que, por sua iniciativa, havia mulheres acomodadas sobre uma plataforma elevada com a finalidade de julgar as poesias em louvor às mulheres e outras homenagens que os cavaleiros vinham apresentar. Certos historiadores contestam essa lenda, mas não há nenhuma dúvida de que Leonor apoiou o surgimento dos trovadores e de suas práticas de amor cortês.

Essa época de ouro não durou muito tempo, porque, em 1173, Leonor convenceu três de seus filhos a se tornarem seus aliados em sua rebelião contra Henrique. A rebelião foi controlada e Henrique manteve Leonor aprisionada durante quinze anos. Quando Henrique morreu, Leonor recuperou o poder. Ela defendeu o território de seu filho Ricardo Coração de Leão, enquanto ele participava das últimas cruzadas, e arrecadou dinheiro para seu resgate quando ele foi capturado. Ela viveu até seus oitenta e tantos anos manipulando o poder político e arranjando ou influenciando os casamentos de seus familiares.

O conceito de amor cortês foi levado adiante por uma de suas filhas com Luís VII, Marie, a condessa de Champagne. Marie foi a benfeitora de Chrétien de Troyes, o primeiro autor a escrever sobre o Graal, cujas obras iniciais foram escritas sob a orientação dela. Ele libertou-se da influência direta exercida por ela, mas não há nenhuma dúvida de que a idéia de amor cortês teve um papel importante na lenda do Graal.

O Graal Através da História

O Pequeno Livro do Santo Graal

Os Trovadores

A CULTURA DOS TROVADORES FLORESCEU NO SUL DA FRANÇA NO período entre 1100 e 1300 d.C. Muito provavelmente, os trovadores tiveram sua origem na tradição dos artistas ambulantes que entretinham as cortes, chamados *histrions*, mímicos e menestréis. Parece que os trovadores provinham de uma classe social mais elevada do que os outros artistas ambulantes e recebiam educação formal como músicos, compositores e poetas. Era uma profissão acessível tanto aos homens quanto às mulheres.

Durante o século VI, os músicos seculares tiveram problemas com as autoridades da Igreja, que os acusavam de serem "os responsáveis por canções de amor infames e demoníacas". Em conseqüência disso, César de Arles publicou um decreto que acabava com todas as formas de diversão secular.

No século XII, os artistas seculares já constituíam parte arraigada da cultura e tanto ofereciam entretenimento quanto preservavam a história para a elite abastada. Os trovadores tinham um tipo de canção para cada ocasião: *sirventes* (canções de cunho político), *plancs* (cantos fúnebres), *albas* (preces matinais), *Jeux-patis* (para situações de contenda) e poesia pastoral.

Nessa época, falavam-se na França duas línguas: a *langue d'oc*, falada no sul e amplamente usada pelos cátaros, e a *langue d'oïl*, falada no norte. Os trovadores preferiam a *langue d'oc*, porque a consideravam mais bonita, mas a grande maioria das canções tinha versões em ambas as línguas. Trovador ou *troubadour* era, na verdade, como se chamava o músico do sul. No norte, os músicos eram chamados originalmente de *trouvères*.

Quase não resta dúvida de que a poesia árabe de amor que floresceu no Oriente nessa época exerceu um grande impacto sobre o desenvolvimento das idéias de amor cortês. Algumas das canções provençais eram traduzidas do árabe, e Joseph Campbell acreditava que a palavra *troubadour* tenha derivado da raiz árabe que significa música e, portanto, designava o compositor de música ou de letra.

Os trovadores glorificavam a natureza e os sentidos. Quando os sentidos eram enaltecidos e aprimorados pela cortesia, a arte, a música, a moderação, a lealdade e a coragem, eles tornavam-se guias confiáveis para as supremas realizações humanas. A mulher era para ser respeitada e nenhum homem podia ser um cavaleiro perfeito se não amasse uma mulher. Numa época em que a grande maioria dos casamentos ocorria por razões políticas ou econômicas, os trovadores proclamavam o amor romântico em suas canções.

Os trovadores mantinham relações estreitas com os cátaros e tiveram muitos deles como seus patronos. Quando os cátaros foram atacados e suas terras tomadas, alguns trovadores também foram feitos prisioneiros e assassinados. Aqueles que sobreviveram levaram consigo a cultura cátara para o norte da França e outras partes do continente europeu. A cultura do amor cortês e a veneração pela Dama acabaram passando para a Grã-Bretanha, onde floresceu.

O Graal Através da História

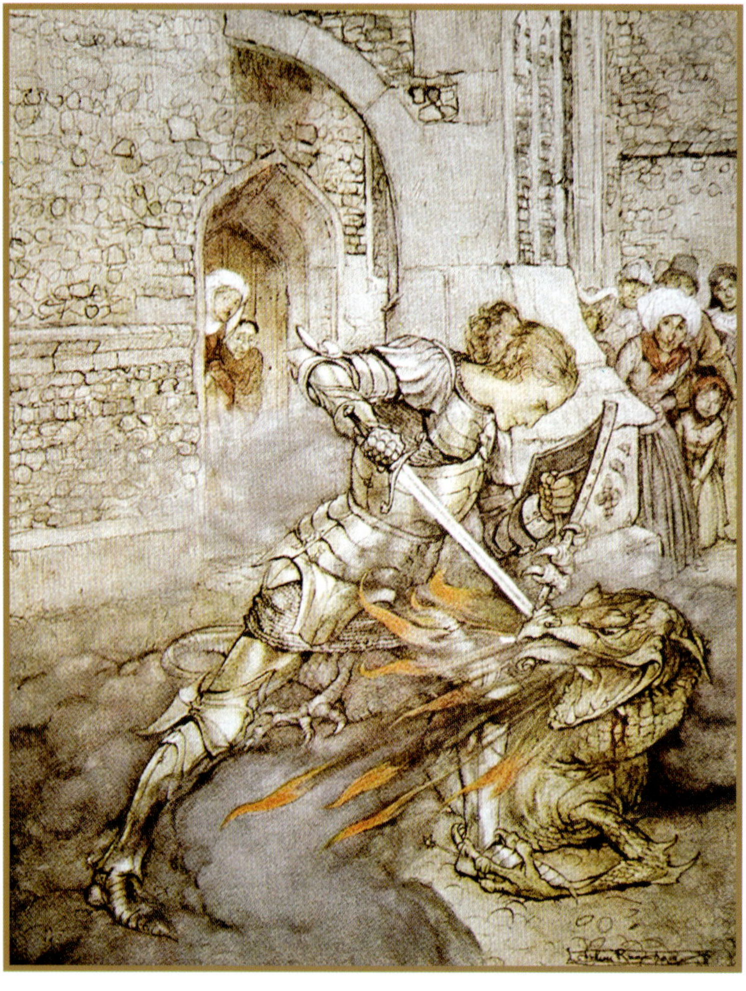

A História nas Lendas do Graal

O Rei Artur e a Bretanha

As tramas narradas na lenda do Graal em geral transcorrem na Bretanha e se desenrolam na corte do rei Artur ou em torno dela. Poder-se-ia perguntar por que a narrativa de uma história britânica floresceria na França, como foi o caso das lendas do Graal. A resposta a essa pergunta fica mais clara se examinamos a crônica do rei Artur histórico e dos bretões.

O único registro que temos de um líder dos bretões chamado Artur foi escrito por um monge galês de nome Nennius, por volta do ano 830 d.C. Ele não escreveu um romance de amor e magia, mas apenas a crônica histórica de um dos últimos grandes líderes dos bretões, uma narrativa condizente com outros relatos históricos da época.

Os romanos conquistaram a Bretanha no século I a.C. e a dominaram por mais ou menos cinco séculos, até que o ataque dos visigodos a seu império impôs o retorno de todo o seu poderio militar a Roma. Na ausência dos romanos, os anglos e os saxões do norte da Alemanha foram levados para a Bretanha para servirem como mercenários. Juntos os anglo-saxões acabaram se tornando mais fortes do que os habitantes originais e forçaram os nativos bretões para o sul e para o leste. Evidências arqueológicas comprovam que, pelo final do século V, esse processo já estava sofrendo alguma reversão e os bretões começavam a oferecer resistência e guarnecer as fronteiras. De acordo com Nennius, o momento decisivo foi a Batalha de Badon, que ocorreu em algum ano por volta de 493; e o guerreiro britânico que conduziu os bretões à vitória foi Artur.

Como líder do século V, Artur teria sido antes um guerreiro celta do que um rei medieval em armadura, mas os autores da lenda do Graal simplesmente o transplantaram para seu próprio tempo. Os castelos de Tintagel e Winchester, que na lenda estão ligados a Artur, na realidade foram construídos seis séculos depois do tempo desse Artur.

O Graal Através da História

Segundo evidências arqueológicas, uma das maiores cidades que existiram na época da Batalha de Badon era Viroconium, próxima da fronteira com o País de Gales. Essa era uma das poucas cidades romanas que, durante esse período, estavam sendo reconstruídas, e não caindo em ruínas. Essa cidade tinha construções de madeira em estilo clássico, um sistema de esgoto, aquedutos, estradas pavimentadas e um grande edifício que pode ter sido um palácio. Esse pode ter sido o Camelot (termo que só vai aparecer em 1180, no poema *Lancelot*, de Chrétien de Troyes) do rei Artur.

O reino celta de Artur não resistiu por muito tempo aos anglo-saxões e os bretões acabaram sendo empurrados para o País de Gales e a Bretanha, levando consigo suas lendas e tradições.

Artefatos

Existem inúmeros artefatos que eram conhecidos naquela época e que podem ter exercido uma grande influência sobre as lendas do Graal. Um desses objetos era o Cálice Mariano. Na primeira parte do século IV, Helena, a mãe de Constantino, encontrava-se em Jerusalém à procura de locais sagrados do cristianismo de três séculos antes. Como era imperatriz, ela tendia a encontrar o que procurava, apesar de existir poucos dados históricos comprovando que ela tenha encontrado os lugares certos.

O Graal Através da História

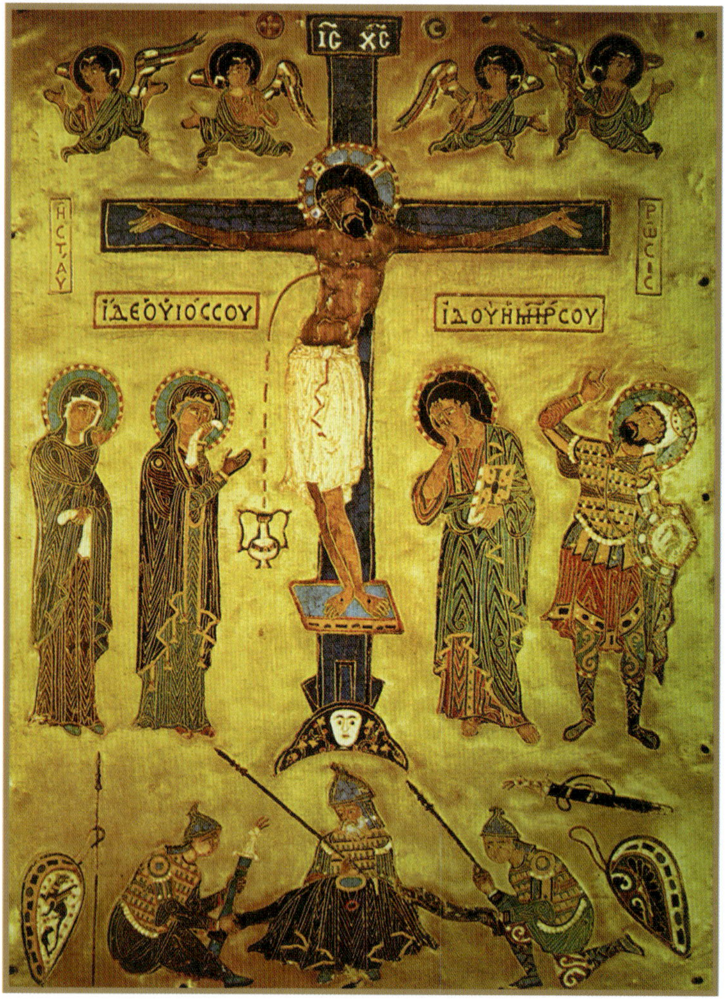
IC XC
ΙΔΕ Ο ΥΙΟC COY

Em 327, ela ordenou a escavação do lugar que acreditava ser a sepultura de Jesus e um cálice foi encontrado. Uma lenda da época dizia que Maria Madalena havia colhido o sangue de Jesus no cálice que ele havia usado na Última Ceia e a imperatriz Helena achou que era esse o cálice que ela havia encontrado. Ele foi chamado de cálice mariano, em homenagem a Maria Madalena. A história de Maria Madalena colhendo o sangue de Jesus ao pé da cruz é muito parecida com outra lenda que sobreviveu na tradição ortodoxa oriental. De acordo com essa versão, uma mulher parada ao pé da cruz, comumente Maria Madalena, está segurando um cesto de ovos manchados de vermelho pelo sangue de Jesus. Essa é uma das versões contadas para explicar por que os ovos de Páscoa são vermelhos em diversas tradições orientais. Um ícone do século XII mostra o sangue de Jesus jorrando para dentro de um tipo de vaso que é muitas vezes retratado nas mãos de Maria Madalena.

O cálice mariano foi levado de Jerusalém para Roma, onde permaneceu por pouco tempo. Olimpiodorus, um historiador do século V, escreveu que ele foi levado para a Bretanha em 410, quando Roma foi saqueada pelos visigodos, para que ficasse protegido. Ele podia ainda estar na Bretanha no tempo de Artur, cerca de oitenta anos depois.

Existem diferentes versões sobre o que era, na realidade, o cálice mariano. Para alguns, ele era um pequeno copo de beber feito de pedra; para outros, era um cálice maior de prata e, para outros ainda, o cálice original havia sido transformado pelos romanos num vaso com ouro e pedras preciosas.

Outra versão do Graal é uma cabeça de Jesus considerada como tendo sido esculpida por Nicodemus. Essa crença pode ter sido inspirada pelo *Volto Santo*, uma imagem esculpida de Jesus na cruz, que se encontra na Catedral de Luca, na Toscana, desde o século XII. Acreditava-se que essa figura fosse a única imagem feita à verdadeira semelhança de Jesus e que tinha sido esculpida por Nicodemus a partir da memória que este guardava de Jesus. Na Idade Média, essa escultura atraía peregrinos de todas as partes da Europa.

Ainda outra versão do Graal é uma esmeralda. Ela pode ter ligação com uma relíquia roubada durante o saqueio de Cesaréia em 1101 e que foi levada para Gênova, onde se encontra até hoje na catedral da cidade. Essa relíquia é uma travessa de vidro verde que mede cerca de quarenta centímetros de diâmetro e, segundo se supõe, seja feita de esmeralda. Chamada de *Sacro Cantino*, essa relíquia foi supostamente um presente da rainha de Sabá ao rei Salomão. De acordo com a versão do século XIII do arcebispo Jacapo da Voraigre, a relíquia era o prato no qual Jesus se serviu na Última Ceia.

O Graal Através da História

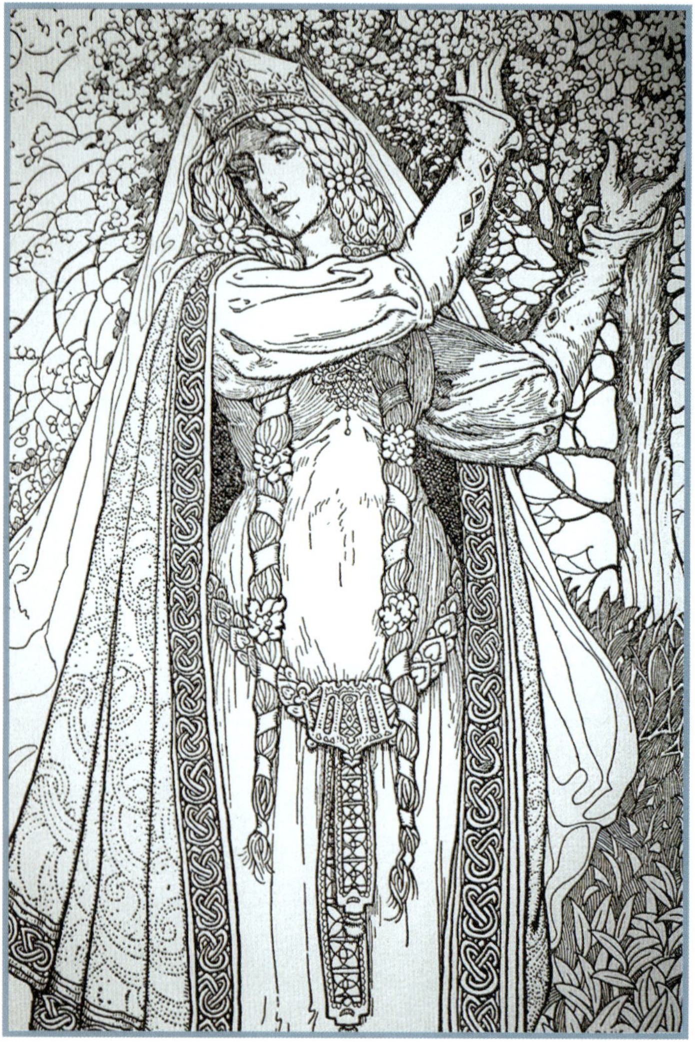

Duas Versões da Lenda do Graal

V AMOS AGORA EXAMINAR AS DUAS LENDAS MAIS FAMOSAS DO GRAAL e ver como elas são semelhantes e como a trama vai se alterando com o passar do tempo. Até mesmo a maneira de escrever os nomes dos personagens muda e, assim, Perceval passa a ser Percivale. A primeira versão da lenda, *Le Conte del Graal*, é uma narrativa do francês do século XII Chrétien de Troyes. Trata-se de uma versão essencialmente celta da lenda. A segunda versão, *Le Mort D'Arthur*, é uma versão essencialmente cristã da lenda, escrita em torno de trezentos anos depois, pelo inglês sir Thomas Malory.

O Pequeno Livro do Santo Graal

A Versão Celta:
A Busca de Perceval

A NARRATIVA DE CHRÉTIEN DE TROYES CONTÉM MUITOS ELEMENTOS galeses e celtas. A trama em si é muito semelhante à de um conto genuinamente celta intitulado *Peredur*, que foi escrito por Lady Guest e apareceu posteriormente à versão de Chrétien de Troyes, como parte de uma coletânea chamada *Mabinogion*. Entretanto, é quase certo que *Peredur* seja anterior à versão de Chrétien de Troyes e tenha até mesmo lhe servido de base. *Le Conte del Graal* também contém elementos da história celta de Kulhwah e Olwen, que antecedeu em quase um século a história de Chrétien de Troyes.

Alguns estudiosos apontaram para o fato de que as duas figuras femininas dessa lenda, a donzela do Graal e a donzela Repulsiva, são dois aspectos da soberania da Irlanda. Tratava-se de uma Deusa que se manifestava tanto como uma bela jovem quanto como uma bruxa asquerosa. Existe ainda a lenda celta de Erris, uma ilha encantada onde havia um castelo que só se tornava visível de sete em sete anos, quando o rei ia para o continente. Se uma pessoa que encontrasse o rei fizesse a pergunta certa, o rei lhe diria onde achar pilhas de ouro e, assim, seria quebrado o feitiço lançado sobre o rei e a ilha. Isso lembra muito o castelo do Graal, que é difícil de ser encontrado e onde o visitante tem de fazer a pergunta certa para quebrar o feitiço que o envolve.

O Rei Pescador na versão de Chrétien de Troyes se assemelha ao personagem galês chamado Bran o Bem-Aventurado. O Rei Pescador de Chrétien de Troyes é ferido na coxa (o que pode significar a genitália) ou na perna com um arremesso de dardo, enquanto Bran é apelidado de "A Coxa Perfurada". O chifre de Bran provê quantidades ilimitadas de comida e bebida para as pessoas e o mesmo faz o Graal, que se encontra sob a guarda do Rei Pescador.

O Graal de Chrétien de Troyes se assemelha aos caldeirões de muitas lendas celtas. Tais caldeirões podiam prover comida e bebida, embora eles às vezes só os dessem a quem merecesse; eles também podiam fazer com que os mortos voltassem à vida, se seus cadáveres fossem neles mergulhados.

O foco das versões celtas é a virilidade do rei, necessária para garantir a soberania do reino. A virilidade sexual do rei garantia a fertilidade da terra e a segurança do povo. Alguns dos antigos rituais celtas de coroação do rei exigiam que ele demonstrasse sua virilidade antes de ser coroado. A terra, vista como uma mulher, era a consorte do rei.

Se o Rei Pescador de Chrétien de Troyes estava realmente ferido na genitália, como muitos acreditam, e, portanto, impotente, a terra sofreria as consequências. Nessa lenda, nós assistimos não apenas ao enorme sofrimento do rei, mas também à ameaça de a terra tornar-se improdutiva e as jovens virgens desperdiçadas, caso o rei não fosse curado.

Segundo o próprio Chrétien de Troyes, ele ouviu essa história de seu patrono Filipe, o Conde de Flandres, que era um reconhecido cruzado. Wolfram von Eschenbach, por sua vez, dizia que essa história era um conto árabe do Oriente Médio que ele conhecera na Espanha, e que Chrétien de Troyes havia errado ao contá-lo. É bem possível, no entanto, que essa primeira versão da lenda do Graal seja uma combinação dos contos celtas levados para a Bretanha pelos viajantes bretões e um conto árabe do Oriente Médio.

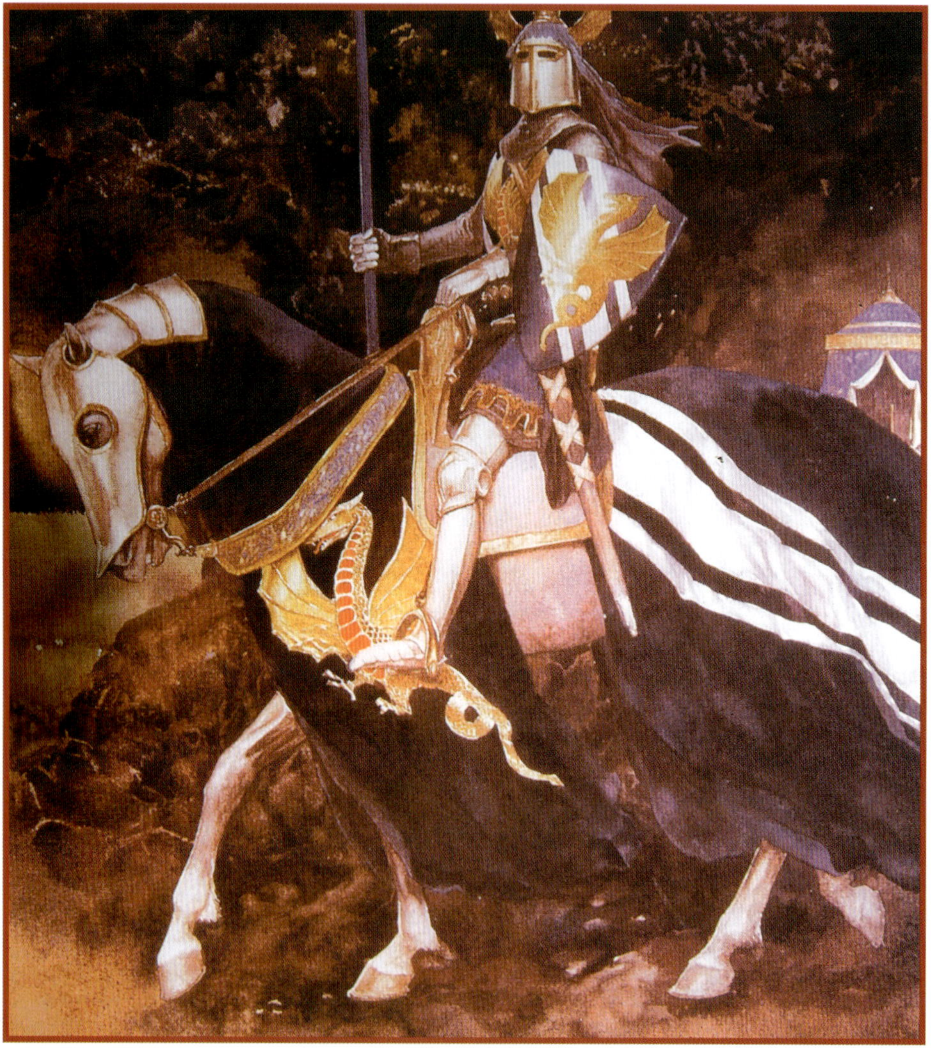

Le Conte del Graal

Nesta versão da lenda, o pai de Perceval, Bliocadron, era um de doze irmãos que foram todos mortos em combate ou em torneios. Bliocadron era rei, mas seu reino havia sido usurpado por dois cavaleiros. A esposa de Bliocadron, cansada de toda aquela carnificina e temendo pela vida de seu único filho, levou-o para viver em meio a uma floresta. Ela queria que Perceval não soubesse nada sobre cavalaria e cavaleiros e, portanto, dizia a ele que, se visse algum homem que parecesse talhado em ferro, com certeza era o demônio e que ele deveria sair correndo.

Entretanto, todos os seus esforços seriam em vão. Quando Perceval viu cavaleiros na floresta, ele achou que fossem anjos. Eles lhe explicaram que eram cavaleiros e Perceval decidiu imediatamente que também seria um deles. Como não conseguiu dissuadi-lo, sua mãe vestiu-o de maneira a parecer um bobo, esperando que assim ele fosse ridicularizado e voltasse logo para casa. Ela orientou-o a respeito das mulheres que poderia encontrar, dizendo-lhe que ele devia receber apenas um beijo e uma lembrança delas, como um anel ou outra jóia sem valor.

Ela também tentou lhe falar sobre religião, mas ele ficou impaciente e partiu sem olhar para trás, deixando-a entregue à sua dor. Perceval chegou a uma bela tenda, onde uma mulher dormia. Ele beijou a mulher contra a vontade dela, tomou seu anel e, em seguida, serviu-se de comida. Ele não ouviu nada do que ela lhe disse e deixou que ela enfrentasse sozinha o marido, que a acusou de infidelidade, ao descobrir que a jóia havia desaparecido.

Perceval prosseguiu cavalgando em direção à corte do rei Artur; já próximo dela, encontrou um cavaleiro, usando uma linda armadura vermelha, que Perceval desejou para si. O cavaleiro havia tomado uma taça da mesa do rei Artur por causa de alguma desavença em torno da posse de terras. Nessa disputa, ele havia derramado vinho sobre a rainha. O cavaleiro mandou Perceval transmitir ao rei a mensagem de que ele devia enviar um paladino para lutar pela recuperação da taça.

Nenhum dos cavaleiros da corte dispôs-se a enfrentar o Cavaleiro Vermelho e Perceval pediu ao rei Artur que desse a armadura a ele. Sir Kai, o senescal do rei Artur, enganou Perceval dizendo que o rei estava de acordo.

Um bobo da corte havia profetizado que uma certa dama não voltaria a rir enquanto não visse o melhor dos cavaleiros. Por muitos torneios, ela não havia rido, mas quando viu Perceval sair com suas roupas ridículas, ela riu sem perceber. Sir Kai ficou enfurecido, batendo nela e dando uma surra no idiota que havia feito a profecia. Perceval ficou perturbado por ter causado problemas à dama.

Ele cavalgou na direção do Cavaleiro Vermelho e exigiu arrogantemente que ele lhe desse a armadura. O Cavaleiro Vermelho riu dele e bateu em Perceval com a ponta da lança, mas Perceval arremessou um dardo que atravessou a viseira do Cavaleiro Vermelho e atingiu seu olho, matando-o. Perceval começou

Duas Versões da Lenda do Graal

a arrancar a armadura, sem se preocupar com o cavaleiro. Como ele não conseguia se entender com a armadura, um pajem do castelo foi ajudá-lo. Perceval recusou-se a tirar as roupas que sua mãe havia lhe dado e colocou a armadura por cima delas.

Perceval mandou o pajem de volta para a corte com a taça e jurou que não retornaria à corte antes de ter vingado a dama que havia apanhado por sua causa. Perceval chegou no castelo de Gurnemanz de Gohart, que lhe ensinou as artes da cavalaria e também lhe deu mais alguns conselhos. Ele devia ser misericordioso com os cavaleiros derrotados por ele, evitar falar demais, ajudar a qualquer um que se encontrasse em dificuldade e freqüentar a igreja.

Gurnemanz ofereceu a Perceval a mão de sua filha, mas o cavaleiro estava decidido a viver outras aventuras. Ele foi parar no castelo de um velho rei manco, que acabou se revelando ser um dos irmãos de sua mãe. Perceval sentou-se diante de uma fogueira em companhia desse rei e ficou assistindo a dois jovens em combate simulado. Perceval derrotou o melhor deles e o rei disse que ele seria o melhor dos cavaleiros. Mas ele teria que esquecer os ensinamentos da mãe e adotar um código de honra masculino.

Seguindo em frente, Perceval foi dar em outro castelo, que pertencia a outro tio do lado materno. Em seus exercícios de esgrima, ele golpeou uma coluna de metal três vezes e em cada uma delas quebrou sua lâmina. Nas duas primeiras vezes, ele conseguiu consertar a espada, mas na terceira não. Seu tio disse-lhe que ele havia chegado a apenas dois terços de sua força.

Duas Versões da Lenda do Graal

Depois, Perceval chegou a um castelo sitiado, onde as pessoas estavam passando fome. A bela rainha Blancheflor havia se recusado a desposar o invasor Clamadeu. Perceval ofereceu-se para acabar com ele se ela prometesse se casar com ele. Blancheflor disse que se casaria com ele de qualquer maneira, mas ele estava determinado a lutar. No dia seguinte, Perceval derrotou o senescal de Clamadeu e, no outro, derrotou dois cavaleiros. Naquela noite, um navio naufragou no porto e as pessoas tiveram o que comer. No dia seguinte, ele derrotou Clamadeu e mandou-o para a corte do rei Artur servir à dama que tinha sido insultada, para onde ele já havia mandado o seu senescal. Com a paz restaurada na cidade, Perceval e Blancheflor se casaram.

Eles viveram felizes juntos por algum tempo, mas Perceval começou a se preocupar com a mãe e quis revê-la mais uma vez. Logo que se pôs a caminho, ele encontrou um pescador a quem perguntou onde poderia encontrar um lugar para passar a noite. Ele foi orientado a seguir para um castelo, onde descobriu que o anfitrião era um dos pescadores do barco. Esse homem estava apoiado sobre os cotovelos diante de uma grande fogueira. Perceval ficou curioso para saber por que ele não estava em pé, mas ao lembrar-se do conselho de Gurnemanz para não falar demais, não perguntou nada.

Um menino chegou com uma espada, dizendo que ela vinha da sobrinha do rei. A espada não podia ser quebrada, a não ser em um momento de perigo que era conhecido apenas pelo ferreiro que a havia forjado. O rei deu a espada a Perceval, dizendo que ele estava destinado a usá-la.

Duas Versões da Lenda do Graal

O Pequeno Livro do Santo Graal

Outro garoto entrou trazendo uma lança de cuja ponta escorria sangue. Dois outros meninos chegaram com candelabros e uma formosa donzela entrou com um vaso de ouro adornado de pedras preciosas – o Graal. A donzela e o Graal emitiam uma luz que ofuscava a das velas. Outra donzela entrou com uma travessa de prata. Perceval ficou curioso, mas não perguntou a quem o Graal servia nem o que significava aquilo tudo. Ele guardou as perguntas para a manhã seguinte por receio de ofendê-los.

Pela manhã, ele acordou num castelo vazio e, quando atravessava a cavalo a ponte levadiça, teve que saltar a parte final, quando ela se ergueu abruptamente. Perceval encontrou uma donzela chorando a perda de seu amado que havia acabado de ser morto por um cavaleiro. A donzela era prima de Perceval. Quando ela perguntou o nome dele, ele respondeu Perceval de Gales, embora nunca tivesse conhecido seu nome.

Ela chamou-o de Perceval o Desditoso e explicou que, se ele tivesse feito as perguntas que o intrigavam a respeito do castelo, o rei teria se curado e passaria a ser capaz de administrar suas terras. Perceval havia cometido esse erro, ela explicou, porque havia tratado injustamente sua mãe, que havia morrido de desgosto depois de ele tê-la abandonado tão impiedosamente. Em conseqüência disso, a espada que lhe tinha sido dada falharia no momento em que mais se faria necessária.

Perceval saiu à procura do cavaleiro que havia assassinado o homem amado por sua prima, mas em seu lugar encontrou uma pobre coitada montada num cavalo velho. Era a mulher da qual Perceval havia tirado o anel no dia em que havia abandonado a mãe e que por isso o marido a havia amaldiçoado. Perceval derrotou o marido dela num duelo e, em seguida, reconciliou-os e mandou-os para a corte do rei Artur.

O rei Artur estava muito intrigado com esse cavaleiro que não parava de mandar tantos outros cavaleiros para a sua corte, então reuniu um grupo para sair em seu encalço. Quando Perceval estava passando a cavalo nas proximidades do acampamento, um falcão atacou um ganso, que conseguiu escapar depois de deixar cair três gotas de sangue na neve. Perceval contemplou, como que hipnotizado, as três gotas de sangue, que lhe traziam à memória a lembrança dos lábios, das faces rosadas e da pele macia de sua esposa. Enquanto Perceval continuava ali parado como que em transe, um dos cavaleiros do rei Artur se aproximou e o desafiou. Perceval derrotou-o sem nem sequer sair do transe. Em seguida, foi Kai quem o desafiou e Perceval o derrubou do cavalo, fazendo-o fraturar o ombro.

Gawain saudou Perceval exatamente quando a neve estava começando a derreter e Perceval saiu então de seu transe. Quando Perceval foi levado para o acampamento, o rei Artur e seu séquito estavam em meio a uma celebração, com a qual prosseguiram até que a Bruxa Asquerosa, uma mulher com cara de porco, chegou montada numa mula. Ela repreendeu Perceval por não ter feito as devidas perguntas, no castelo do Graal, e que levariam à cura do Rei Pescador. Como o rei estava impossibilitado de governar seu país, as mulheres iriam perder seus maridos, a terra se tornaria improdutiva e as donzelas ficariam órfãs e desamparadas.

Duas Versões da Lenda do Graal

A Bruxa Asquerosa anunciou então as próximas proezas: um torneio e uma donzela em apuros. Gawain prefere ajudar a donzela, enquanto os outros cavaleiros seguem em direção ao torneio. Perceval jurou que não passaria duas noites num mesmo lugar enquanto não conseguisse encontrar as respostas para as duas perguntas que ele tinha deixado de fazer: A quem o Graal servia? Qual era a verdade da Lança ensangüentada?

Gawain foi falsamente acusado de assassinato e providenciou um encontro num duelo para acertar as contas. Enquanto esperava pelo duelo, ele empenhou-se em outras façanhas, servindo de defensor de duas irmãs menores e, com isso, ganhou seu dia. Ele conheceu uma mulher e se apaixonou por ela, mas o homem que o havia acusado de assassinato incitou as pessoas contra os apaixonados e eles foram obrigados a se defender, usando um tabuleiro de xadrez e suas enormes peças como escudo, assim como também a espada Escalibord (ou Excalibur). O rei chegou e interrompeu o duelo de Gawain com seu acusador, adiando-o por um ano, sob a condição de que Gawain fosse procurar a Lança no Castelo do Graal.

Enquanto isso, Perceval perambulou durante cinco anos sem entrar numa igreja. Ele foi criticado pelos penitentes por usar armadura na Sexta-Feira da Paixão e, então, encontrou um eremita a quem pediu orientação. O eremita disse a ele que seu sofrimento havia sido causado pela morte da mãe e que havia sido o pecado que o impedira de fazer as perguntas a respeito do Graal.

Gawain encontrou uma mulher sob uma árvore nas proximidades de uma fonte e aceitou a proposta dela de acompanhá-lo, apesar de ter sido advertido

Duas Versões da Lenda do Graal

contra ela. Eles foram seguidos por um anão insolente, que vivia insultando Gawain. Quando o cavalo de Gawain foi roubado, ele teve que montar o velho cavalo do anão e expor-se ao ridículo diante da mulher. Apesar de tudo, ela continuou tratando-o como um cavalheiro.

Gawain alcançou o cavaleiro que havia roubado seu cavalo, derrotou-o e recuperou o animal. Um barqueiro queria que Gawain lhe desse o cavalo em troca da travessia, mas este lhe deu em seu lugar o cavaleiro derrotado. O barqueiro advertiu Gawain de que o Castelo das Maravilhas, para onde ele seguia, era assombrado, mas ele não lhe deu atenção.

No castelo, ofereceram-lhe para dormir o Leito Perigoso e, no meio da noite, ele foi atacado por setecentos arcos e flechas e teve que matar um leão enfurecido. Ele sobreviveu a todas as provas e, assim, pôs um fim ao encantamento do castelo. Gawain descobriu que as três rainhas mantidas prisioneiras no castelo eram sua avó, sua mãe e sua irmã. Ele se tornou o rei do castelo e conquistou a mulher da fonte.

Aqui a narrativa termina, porque Chrétien de Troyes morreu antes de concluí-la. Ficamos sem saber como acaba a história de Perceval. Será que ele voltou a encontrar o Castelo do Graal? Quando foi que sua espada o traiu? Vários outros autores finalizaram a narrativa de Chrétien de Troyes. Em algumas delas, Perceval consegue finalmente concluir a busca do Graal. Em outras, ele fracassa e Gawain torna-se o herói do Graal.

Duas Versões da Lenda do Graal

O Pequeno Livro do Santo Graal

Uma Versão Cristã: A Busca de Galahad

Em 1470, quando Sir Thomas Malory verteu para o inglês as primeiras lendas francesas sobre o rei Artur e o Graal, a história já havia se tornado totalmente cristã, embora, como poderemos ver, numa versão um tanto quanto herética. Nessa versão, os padres e eremitas cristãos representam um papel muito mais importante. Eles interpretam os eventos que ocorrem na trama de acordo com a doutrina cristã e o pecado é visto em termos de sexualidade. A coisa mais importante a respeito de Galahad é que ele nunca praticou sexo. Não tem importância nenhuma o fato de ele matar algumas pessoas antes de a história terminar.

O tema central da lenda do Graal deixa de ser a soberania do país, para tornar-se uma história de união mística e de arrependimento pelos pecados cometidos. Perceval era um jovem cheio de imperfeições, que partia numa jornada em busca de crescimento e desenvolvimento pessoal. Galahad é uma representação de Cristo, que expulsa os demônios e salva as almas do fogo do inferno. Ele é bom – desde o início, o melhor cavaleiro deste mundo. Percivale, Bors e Lancelot, os buscadores secundários do Graal, são figuras humanas imperfeitas que precisam ser salvas pela graça de Deus.

A "antiga lei", ou o modo de vida celta, é equiparado ao mal em mais de uma ocasião. O demônio também assume a forma de uma mulher sedutora. Apenas a lei do cristianismo é verdadeira. As mulheres têm um papel menos importante nessa versão. O Graal deixa de ser transportado por uma donzela e, em geral, é levado por José de Arimatéia. As outras donzelas que faziam parte da procissão do Graal foram substituídas por anjos.

Essa não é, contudo, uma versão cristã ortodoxa. A busca de Galahad pela união mística ocorre fora da Igreja e dá-se em forma de visões, consideradas por ela como suspeitas. A irmã de Galahad é também uma representação de Cristo, que morre para salvar outras pessoas e cujo corpo irradia uma auréola de doçura. As pessoas que se encontram à sua volta são alimentadas com o maná que cai do céu. Parece que ela não tem nenhuma necessidade de encontrar o Graal. O principal apóstolo cristão, a fonte que dá autoridade a essa lenda, é José de Arimatéia, o qual, de acordo com algumas versões, levou o cálice do Graal para a Inglaterra após a crucificação. Galahad, por ser descendente de José de Arimatéia, é uma representação de Cristo. A sucessão apostólica nessa lenda parece começar com José de Arimatéia, e não com Pedro, que era contrário à doutrina pregada pela Igreja Romana.

Duas Versões da Lenda do Graal

Sir Thomas Malory escreveu essa versão da lenda na prisão, onde passou uma boa parte de sua vida. Ele foi preso por crimes variados, de adultério a roubo, mas a ofensa mais grave cometida por ele parece ter sido seus ataques aos partidários de Lancaster, durante a guerra civil que ficou conhecida como a Guerra das Rosas. Malory foi libertado quando os partidários de York chegaram ao poder, mas ele virou a casaca e foi preso como lancastriano.

Sir Thomas Malory disse que escreveu essa história com a ajuda de "certos livros franceses" escritos três séculos antes. Malory não apenas tomou emprestada a trama básica desses textos, mas também melhorou o estilo da narrativa e acabou criando um conto clássico. A Busca do Santo Graal começa no Livro 13 da narrativa de Sir Thomas Malory.

Duas Versões da Lenda do Graal

O Pequeno Livro do Santo Graal

Le Mort D'Arthur

Os Cavaleiros da Távola Redonda estavam reunidos para os preparativos da comemoração de Pentecostes, quando uma dama fidalga chegou e pediu a Lancelot que a acompanhasse. Ela prometeu que ele estaria de volta a tempo de celebrar a festa de Pentecostes.

Ela levou Lancelot até um mosteiro, onde ele encontrou dois Cavaleiros da Távola Redonda dormindo. Doze freiras trouxeram Galahad até ele. (Nós sabemos, embora Lancelot não soubesse, que Galahad era seu filho com a dama Elaine, filha do rei Pelles, o senhor do Castelo do Graal. Lancelot deitara-se com Elaine porque tinha sido levado a acreditar, por meio da magia, que ela era a rainha Guenever, sua grande paixão. Elaine e Pelles sabiam que Galahad, o maior merecedor do Graal, nasceria como resultado da união dessa noite.)

Galahad pediu a Lancelot para nomeá-lo cavaleiro, ao que Lancelot concordou. Lancelot e os dois outros cavaleiros retornaram ao castelo, mas Galahad disse que iria depois. No dia seguinte, os Cavaleiros da Távola Redonda foram à missa celebrar o dia de festa e quando retornaram à Távola Redonda, eles perceberam que em cada assento ou lugar constava um nome, com exceção do Assento Perigoso, onde ninguém podia se sentar. Nesse assento estava escrito que 453 anos após a paixão de Jesus, ele seria ocupado. Lancelot calculou que o assento seria ocupado nesse mesmo dia.

Um escudeiro entrou para informar o rei de que, flutuando num rio das redondezas, havia uma pedra com uma espada fincada nela. Os cavaleiros reunidos saíram para investigar e encontraram uma mensagem dizendo que apenas o melhor cavaleiro do mundo conseguiria retirar a espada da pedra. O rei Artur encorajou Lancelot a pegá-la, mas este sabia que não era o melhor cavaleiro do mundo. Ele recusou-se a pegá-la e advertiu aos outros cavaleiros de que, se algum deles tentasse pegar a espada e não conseguisse, a espada lhe provocaria um terrível ferimento no futuro. Apesar da advertência, o rei Artur insistiu para que primeiro Gawain e depois Percivale tentassem pegar a espada. Ambos fracassaram e os Cavaleiros voltaram para o jantar na Távola Redonda.

O Assento Perigoso estava desocupado e havia sido coberto com um pano. Um velho entrou com Galahad, dizendo que este era da linhagem do rei e parente de José de Arimatéia. Ele retirou o pano que cobria o Assento Perigoso, revelando o nome de Galahad, e ele tomou seu assento.

Depois da celebração, Galahad pegou a espada da pedra do rio, dizendo que era a espada que havia causado em seu avô Pelles a ferida que só ele podia curar. Enquanto o rei Artur e seus cavaleiros estavam parados à sua margem, uma dama vestida de branco desceu o rio e disse a Lancelot que o séqüito seria servido pelo Graal.

Duas Versões da Lenda do Graal

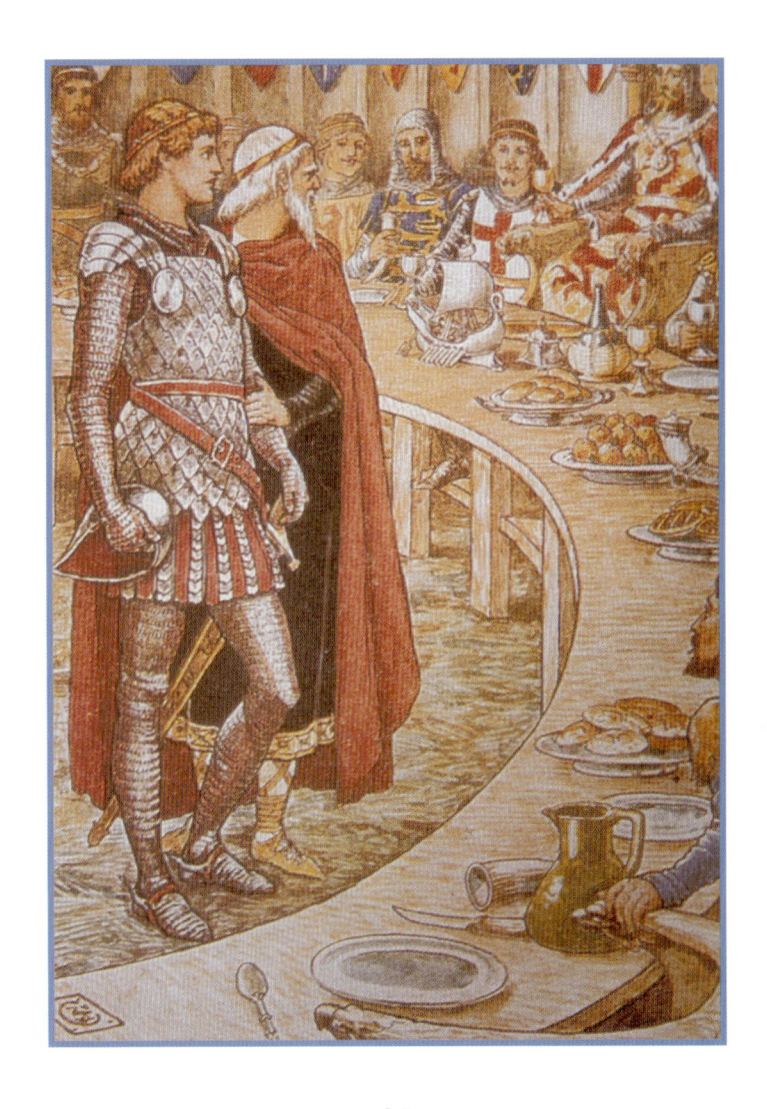

O Pequeno Livro do Santo Graal

O rei Artur entendeu que os Cavaleiros da Távola Redonda partiriam em Busca do Graal e que essa Busca dissolveria definitivamente a sociedade da Távola Redonda. Ele marcou então um último torneio pelo qual os Cavaleiros pudessem ser lembrados. Após o torneio, eles se reuniram em volta da Távola Redonda para um banquete e o Graal pareceu servir-lhes o que quer que desejassem, mas estava encoberto por um pedaço de sabitu (seda) branco. Eles não podiam ver nem o Graal nem a pessoa que o carregava.

Gawain declarou que ele partiria numa Busca para encontrar o Graal e outros se juntaram a ele. O rei Artur e Guenever lamentaram o fim da Távola Redonda, mas no dia seguinte 150 Cavaleiros partiram em sua Busca.

Galahad cavalgava sem escudo, pois ainda não havia encontrado aquele que deveria ser seu. Ele chegou a um mosteiro, onde havia um escudo que só o melhor cavaleiro do mundo podia tomar para si. Se ele fosse levado pela pessoa errada, essa pessoa seria morta ou mutilada dentro de um período de três dias. Bademagus havia chegado antes de Galahad e decidido levar o escudo. Ele não tinha chegado a cavalgar nem duas milhas quando foi afrontado por um cavaleiro branco que o mandou devolver o escudo a Galahad. O escudo era branco com uma cruz vermelha que, segundo o cavaleiro branco, havia sido desenhada por José de Arimatéia com seu próprio sangue. O escudo estava destinado a pertencer ao último descendente de José de Arimatéia, que era Galahad.

O Pequeno Livro do Santo Graal

No mosteiro, Galahad foi levado até uma sepultura, onde os monges ouviram sons terríveis. Galahad abriu a sepultura e encontrou um espírito maligno. Esse espírito fugiu assustado e Galahad ordenou que o corpo fosse removido do solo sagrado, já que se tratava de um homem cruel. Um sacerdote então se aproximou deles e disse a Galahad que esse homem perverso representava todo o mal que existia no mundo.

Galahad prosseguiu então sua jornada, cavalgando até o Castelo das Donzelas para ali acabar com uma prática perniciosa. Ele fora advertido para que se mantivesse afastado, mas estava determinado a seguir em frente. Galahad derrotou sete cavaleiros malignos e libertou o castelo. O sacerdote voltou a aparecer e disse a Galahad que as pessoas boas que antes viviam no castelo eram as mesmas que viveram antes de Jesus e que os sete cavaleiros malignos eram os sete pecados mortais. Assim como Jesus libertou as almas das pessoas boas do inferno, Galahad libertou as donzelas do castelo dos cavaleiros do mal.

Em seguida, Galahad lutou com Lancelot e Percivale, que não o reconheceram. Ele derrotou-os e um eremita saiu de sua choupana para aclamá-lo o melhor cavaleiro do mundo.

O Pequeno Livro do Santo Graal

Lancelot

Lancelot cavalgou sozinho floresta adentro e chegou a uma igreja em ruínas com um grande altar. Ele tentou entrar na capela para chegar ao altar, mas ela estava fechada para ele. Ele pôs seu cavalo a pastar, livrou-se do capacete e da espada e caiu no sono. Enquanto ele dormia, um cavaleiro ferido chegou para ser curado pelo Graal. Lancelot percebeu parte disso em seu sonho, mas não conseguia acordar nem se mover. Antes de ir embora, o cavaleiro pegou o cavalo, o capacete e a espada de Lancelot.

Ao acordar, Lancelot compreendeu que havia se mostrado indigno e desprezível. Quando percebeu que seu cavalo e suas armas tinham desaparecido, ele achou que Deus estava descontente com ele. Ele foi caminhando até um ermitão a quem confessou seus pecados e arrependeu-se.

Percivale

Percivale continuou procurando o cavaleiro com um escudo branco, pois ainda não havia entendido que esse cavaleiro era Galahad. Em vez dele, ele encontrou uma eremita que era sua tia. Ela lhe contou que a mãe dele havia morrido de tristeza quando ele a abandonara. Também lhe disse que o cavaleiro que ele estava procurando vencia os obstáculos graças a um poder miraculoso e que jamais seria derrotado pelas mãos de um homem.

Percivale chegou então a um mosteiro, onde encontrou um velho rei com vários ferimentos. Um monge explicou a Percivale que esse rei havia chegado à Bretanha com José de Arimatéia e que sua avidez pelo Graal era tamanha que ela quase o deixara cego. Ele havia se arrependido e suplicado para não morrer antes de poder ver e beijar seu descendente que viesse a alcançar o Sangreal. O velho beijou Percivale e recuperou sua visão, embora tivesse 300 anos de idade.

Quando Percivale partiu a cavalo do mosteiro, ele foi atacado por vinte homens e ficou em apuros até Galahad chegar cavalgando para salvá-lo. Apesar de Galahad ter ido embora antes que Percivale tivesse tempo de agradecer, este compreendeu enfim quem ele era.

Percivale havia perdido o cavalo em combate e um soldado de milícia lhe emprestou um cavalo de sela para que ele pudesse ir recuperar o seu. Quando ele

Duas Versões da Lenda do Graal

O Pequeno Livro do Santo Graal

alcançou o cavaleiro que havia tomado o seu cavalo, este se recusou a lutar, matou o cavalo de sela que Percival montava e foi embora com o seu cavalo. Percivale ficou tão enfurecido e ofendido com a falta de cavalheirismo e honradez do cavaleiro que jogou para o lado a espada e deitou-se para dormir.

Ele acordou com uma mulher à sua frente, perguntando-lhe o que estava fazendo. Quando ele explicou, ela disse que, se ele fizesse o que ela ia lhe pedir, ela emprestaria a ele o seu cavalo. Ele concordou e ela trouxe até ele um incrível cavalo negro. Percivale cavalgou até chegar a um perigoso curso d'água. O cavalo queria entrar na água, mas Percivale puxou-o de volta e fez o sinal-da-cruz na testa. O cavalo jogou-o no chão e precipitou-se para dentro da água. Percivale compreendeu que o cavalo era um espírito maligno destinado a acabar com ele.

A pé e perdido na mata, Percivale rezou, pedindo proteção. Ele viu uma serpente imensa carregando um filhote de leão na boca ser atacada por um leão mais velho. Percivale matou a serpente e o leão tornou-se seu amigo. Quando dormiam juntos, Percivale sonhou com duas mulheres: uma montada numa serpente e outra montada num leão. Uma das mulheres lhe disse que, no dia seguinte, ele teria que derrotar o maior dos paladinos.

A mulher da serpente queixou-se por ele ter matado sua serpente. Ela queria que Percivale fosse seu, mas ele se recusou. Ele acordou pela manhã sentindo-se fraco e viu uma embarcação se aproximar. Nela vinha um homem vestido como um sacerdote. O homem disse que viera para trazer conforto a Percivale. Ele explicou que o leão era a nova lei da Igreja e que a serpente era a lei antiga e um espírito do mal. Em seguida, ele foi embora.

Outra embarcação toda envolta em seda preta chegou. Uma formosa mulher vinha a bordo e disse a Percivale que o homem que havia acabado de chegar era um feiticeiro e que ele não devia escutá-lo. Ela havia sido deserdada por um homem e pediu que Percivale a ajudasse a recuperar sua propriedade. Percivale concordou em ajudá-la.

Na hora da refeição, Percivale comeu e bebeu demais. Ele se apaixonou pela mulher e prometeu ser seu escravo. Ele estava a ponto de se deitar com ela, quando viu a cruz no cabo de sua espada e fez o sinal-da-cruz. A tenda virou de ponta-cabeça e tudo se dissolveu em fumaça. Percivale percebeu que havia sucumbido a outro demônio e apunhalou a própria coxa para se castigar. O homem do navio retornou e disse a ele que a mulher era o demônio, a mulher montada na serpente. Ela o teria destruído se não fosse pela graça de Deus.

Lancelot

O ermitão que Lancelot havia encontrado deu-lhe um cavalo, um capacete e uma espada e ele prosseguiu viagem. Ele foi dar numa capela, onde um homem muito velho jazia morto e o capelão estava em dúvida se ele havia ou não morrido na graça divina. O homem havia feito votos religiosos, mas estava vestido com roupas seculares. O capelão invocou um demônio para lhe dizer como o homem havia morrido. O demônio disse que o homem havia morrido em estado de graça e que suas roupas haviam sido trocadas.

Então o capelão voltou a atenção para Lancelot e lhe disse que, mesmo que ele encontrasse o Graal, seu pecado o impediria de vê-lo. Lancelot chorou. O capelão então aconselhou-o a pegar um tufo de cabelos do homem morto, deixá-lo sempre em contato com a pele e não comer carne nem tomar vinho enquanto durasse a Busca.

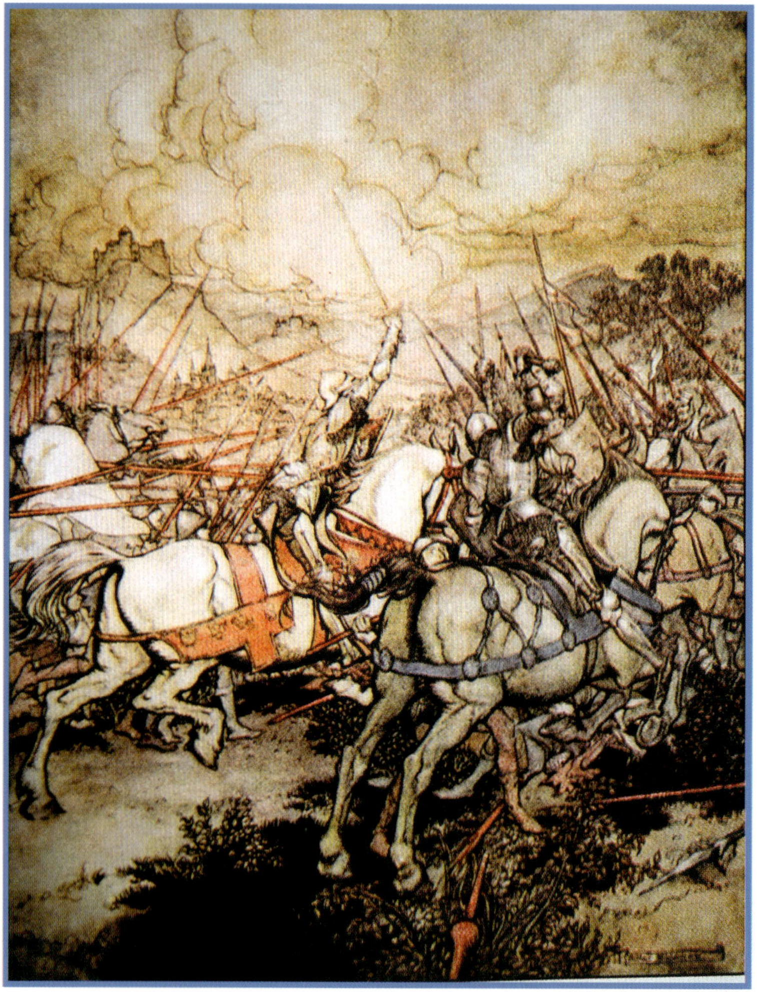

De volta a seu caminho, Lancelot encontrou uma mulher montada num palafrém branco. Ela lhe disse que ele não demoraria em esclarecer a dúvida que no momento o angustiava. Ele foi dar numa cruz e, antes de dormir, rezou diante dela para que nunca voltasse a cometer outro pecado mortal. Ele sonhou com reis e cavaleiros saindo em busca do Graal para receber a recompensa. Um deles foi rejeitado por ser indigno.

Lancelot encontrou o cavaleiro que havia tomado seu cavalo. Ele derrubou o cavaleiro e tomou de volta o seu cavalo, abandonando o outro. Ele encontrou, então, um eremita a quem contou seu sonho. Segundo o eremita, as pessoas que apareciam no sonho eram os reis convertidos por José de Arimatéia e Galahad. Ele revelou a Lancelot que Galahad era seu filho.

Lancelot sentia o tufo de cabelos picando-lhe a pele sob a camisa, mas seguiu adiante, suportando o desconforto. Ele chegou a um castelo onde brancos e negros travavam um combate. Lancelot aliou-se aos cavaleiros negros e lutou até a exaustão. Ele foi levado para a floresta, onde desmaiou. Lancelot ficou envergonhado por ter perdido a batalha e sonhou com um velho que lhe perguntava por que ele se voltava para o pecado. Quando despertou, Lancelot foi até uma eremita que vivia entre as paredes de uma igreja, perguntar a ela o significado de seu sonho. Ela explicou que os cavaleiros negros da batalha eram pecadores e os brancos eram puros. Lancelot estava tão fraco que não conseguiu ver o Sangreal na batalha, apesar de os cavaleiros brancos o verem. Por orgulho, ele lamentou não ter conseguido derrotar os brancos, não obstante ser esse um propósito terreno. Ele estava numa Busca divina.

O Pequeno Livro do Santo Graal

Gawain

Gawain estava cansado da Busca, já que estava vivendo menos aventuras do que estava acostumado. Ele encontrou sir Heitor, irmão de Lancelot. Eles dormiram e Gawain sonhou com touros pretos, brancos e malhados. Heitor sonhou com Lancelot em apuros. Eles estavam sentados dentro de uma capela, conversando sobre esses mesmos sonhos, quando tiveram a visão de um braço coberto até o cotovelo com seda vermelha. Sobre o punho, que segurava uma grande vela, havia uma rédea comum. O braço passou diante deles, entrou na capela e desapareceu.

Em sua busca por aventuras, Gawain lutou com um cavaleiro e o feriu mortalmente. Ele ficou consternado ao saber que o cavaleiro morto também era membro da Távola Redonda. Sobre a sepultura do cavaleiro, colocou-se uma inscrição informando que ele havia sido morto por Gawain.

Gawain e Heitor foram procurar um eremita que pudesse interpretar seus sonhos, assim como a visão. Os touros pretos eram pecadores (do ponto de vista sexual). Os brancos eram puros: Galahad e Percivale. Bors era malhado, porque tinha praticado sexo uma vez, mas havia se redimido. Lancelot no sonho de Heitor havia se desculpado e reconhecido seus pecados. A mão que aparecera na visão deles simbolizava o Espírito Santo. A rédea significava abstinência e a vela indicava clareza de visão. O ermitão lhes disse que eles não tinham fé suficiente para alcançar o Graal.

Bors

Bors encontrou um padre que ouviu sua confissão. O padre disse a ele para alimentar-se apenas com pão e água até sentar-se à mesa com o Sangreal e vestiu-o com um manto vermelho.

Bors prosseguiu cavalgando e encontrou, numa torre, uma dama que precisava de sua ajuda. Ela lhe ofereceu pratos deliciosos, mas ele só aceitou pão e água. Ela lhe ofereceu seu próprio corpo, mas ele dormiu no chão. Enquanto dormia, ele sonhou com pássaros pretos e brancos. No dia seguinte, Bors derrotou o defensor do inimigo dela e trouxe a paz de volta ao reino.

Passados alguns dias, ele viu seu irmão Lionel sendo conduzido pela floresta e machucado por galhos cheios de espinhos. Bors estava se preparando para salvar Lionel quando um cavaleiro entrou na floresta levando consigo uma donzela com a intenção de violentá-la. Ela pediu socorro a Bors e ele ficou dividido entre ajudá-la e salvar o próprio irmão.

Bors salvou a donzela, levou-a para um lugar seguro e voltou para procurar o irmão. Ele encontrou um sacerdote que o informou que Lionel havia morrido e mostrou-lhe o cadáver. O sacerdote disse também a Bors que ele devia se entregar a uma mulher que o amasse, caso contrário Lancelot iria morrer e ele seria responsabilizado por sua morte, bem como pela morte de Lionel.

Duas Versões da Lenda do Graal

O Pequeno Livro do Santo Graal

O sacerdote conduziu Bors até uma torre, onde ele encontrou uma mulher que tentou seduzi-lo. Ele se benzeu e o castelo se evaporou no ar. Bors percebeu que estivera com espíritos malignos e encaminhou-se para um mosteiro. O abade explicou a ele que, na realidade, Lionel continuava vivo e que Bors havia feito a coisa certa ao salvar a mulher. Ela era merecedora e Lionel não. O sonho com pássaros pretos e brancos era um sinal de que o que é bom pode parecer mau e o que é mau pode parecer bom. O mal é a antiga ordem.

Bors concordou em ir a um torneio e, no caminho, encontrou Lionel. Lionel estava furioso por ele não tê-lo resgatado na floresta, abandonando a mulher à sua própria sorte. Quando Bors recusou-se a lutar com ele, Lionel avançou para cima dele com o cavalo, derrubando-o e deixando-o inconsciente. Ele tentou decepar a cabeça de Bors, mas um ermitão apareceu correndo para impedi-lo. Lionel matou o ermitão. Um cavaleiro da Távola Redonda apareceu e tentou salvar Bors, mas Lionel também o matou. Bors voltou a si e decidiu que, afinal, ele tinha que derrotar Lionel, mas foi poupado disso quando uma chama e uma nuvem os separaram. Bors partiu em seu cavalo.

Galahad, Bors, Percivale e a Irmã de Percivale

Galahad estava repousando num eremitério quando chegou uma mulher procurando-o. Ela o levou até sua ama, que era a irmã de Percivale. Esta o levou até um navio encoberto com seda branca, onde Bors e Percivale esperavam por eles.

No navio, havia uma espada maravilhosa que, como a espada fincada na pedra, só podia ser arrancada dali pelo melhor cavaleiro do mundo. Havia diversas lendas a respeito dessa espada, cujas origens remontavam a José de Arimatéia ou até muito antes, ao rei Salomão. Galahad reivindicou para si a espada.

O navio levou-os até um castelo, onde eles foram avisados de que corriam perigo. Eles foram atacados e os três cavaleiros mataram muitas pessoas. Ao verem o que haviam feito, eles se perguntaram se haviam pecado. Um sacerdote disse-lhes que não, porque as pessoas que eles haviam matado eram perversas e não eram cristãs. O rei do castelo, que tinha sido encarcerado por essas pessoas cruéis, saiu da prisão e morreu nos braços de Galahad.

Durante a missa, Jesus surgiu, numa visão, em forma de um veado branco. O sacerdote lhes disse que a aparição tinha relação com uma criança nascida de uma virgem.

Duas Versões da Lenda do Graal

O Pequeno Livro do Santo Graal

O grupo seguiu em frente e, quando passava diante de um castelo, um cavaleiro se aproximou, dizendo que, se a irmã de Percivale fosse virgem, eles não poderiam passar sem que ela doasse um vaso cheio de sangue para curar a dona do castelo. Galahad, Bors e Percivale lutaram e abateram diversos cavaleiros, mas surgiram outros. A irmã de Percivale os fez parar, dizendo que doaria o sangue para curar a mulher. Ela doou o sangue e, com isso, curou a dona do castelo. Entretanto, ela havia doado sangue demais para sobreviver e assim, enquanto agonizava, pediu a Percivale que colocasse seu corpo num barco e que ela os encontraria na cidade sagrada de Sarras. Eles a colocaram no seu navio e seguiram por terra.

Bors seguiu em outra aventura, enquanto Galahad e Percivale exploravam o castelo onde a irmã de Percivale havia morrido. Eles encontraram as sepulturas de muitas donzelas formosas, muitas delas filhas de reis, que haviam morrido doando o próprio sangue. No dia seguinte, todas as pessoas que viviam no castelo foram mortas por terem sido cruéis a ponto de matarem as donzelas.

Lancelot

Lancelot pretendia embarcar no primeiro navio que aparecesse e, assim, ele tomou o navio que levava o corpo da irmã de Percivale. Ele imaginou as aventuras pelas quais os quatro passariam e sentiu uma grande ternura no navio. Ele passou um mês vivendo ali, alimentando-se de maná vindo do céu.

Galahad chegou e embarcou no navio com ele. Eles passaram seis meses juntos, conhecendo-se como pai e filho, até que um cavaleiro veio chamar Galahad de volta para a Busca. Eles se separaram, sabendo que jamais voltariam a se ver. Lancelot continuou ali por mais um mês, rezando para obter notícias do Sangreal.

Ele foi parar num castelo, onde ouviu uma música muito bonita. Ele entrou no castelo e foi dar numa câmara. A porta da câmara se abriu. Ele não pôde entrar, mas viu o Graal envolto em seda vermelha sobre uma mesa de

Duas Versões da Lenda do Graal

prata e cercado de velas. Um homem vestido de sacerdote apareceu para o sacrifício da missa. Quando o padre ergueu a hóstia, Lancelot viu que ele, na verdade, erguia um homem e correu para ajudá-lo. Lancelot foi derrubado por uma língua de fogo antes de chegar ao altar e foi levado para fora, como se estivesse morto.

Lancelot permaneceu inconsciente por 24 dias, um para cada ano de sua vida de pecados. Quando ele voltou a si, as pessoas do castelo trouxeram-lhe roupas novas. Lancelot pegou o cabelo de um velho e deixou-o junto à pele. Eles lhe disseram que o Sangreal havia se realizado nele e que ele não teria nada mais. O rei Pelles contou a ele que Elaine havia morrido e que o Graal os havia servido.

Heitor foi ao castelo, mas foi impedido de entrar. Quando ele ficou sabendo que Lancelot, seu irmão, estava ali dentro, compreendeu por que ele fora considerado indigno de entrar no castelo. Ele afastou-se dali envergonhado. Ao saber que o irmão fora considerado indigno de entrar no castelo, Lancelot sentiu pesar.

No caminho de volta ao castelo de Camelot, Lancelot viu o túmulo do cavaleiro que Gawain havia assassinado. Já de volta, ele descobriu que mais da metade dos Cavaleiros da Távola Redonda haviam sido mortos. Heitor, Gawain, Lionel e muitos outros que haviam partido na Busca haviam retornado antes dele. Ele lhes contou a respeito de sua Busca e deu-lhes notícias de Galahad, Bors, Percivale e sua irmã.

Duas Versões da Lenda do Graal

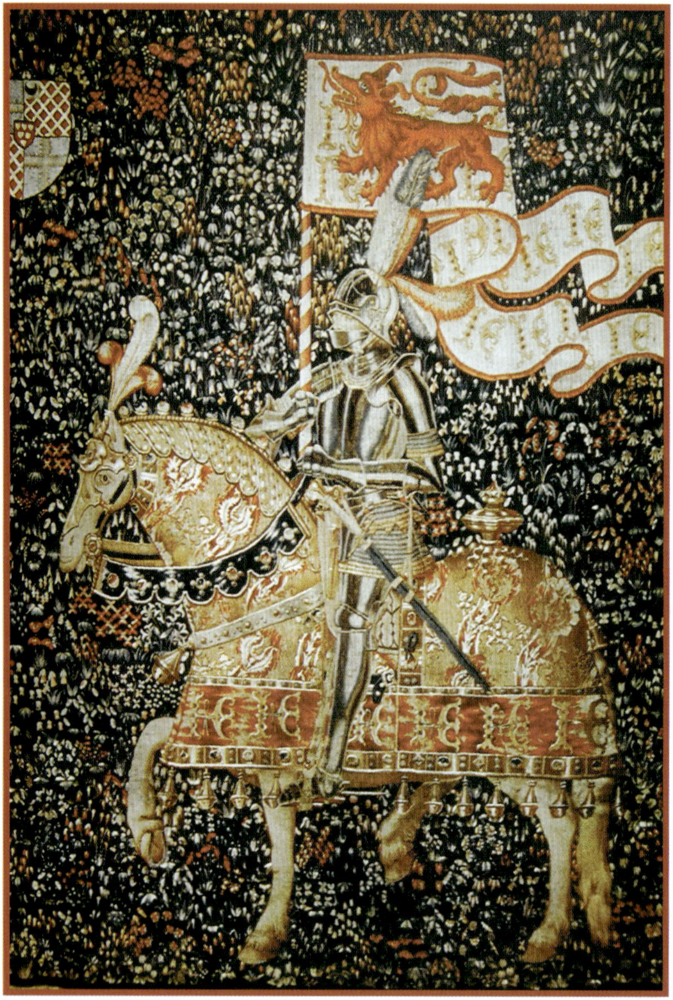

Galahad

Galahad foi ter com o rei Mordrains, que pediu para morrer em seus braços e, em seguida, ele conheceu o túmulo do cavaleiro que havia sido morto por Gawain. Galahad foi levado até uma sepultura em chamas, onde ele descobriu um parente que, havia trezentos anos, vivia entre as chamas pelo pecado que cometera contra José de Arimatéia. Galahad retirou-o das chamas, levou-o para a igreja e enterrou-o no dia seguinte.

Galahad seguiu em direção ao castelo do Graal, para ver o Rei Mutilado. Ele encontrou Percivale e Bors e eles foram juntos para o castelo de Carbonek.

O Pequeno Livro do Santo Graal

O rei Pelles e as pessoas do castelo os receberam com muita satisfação por terem concluído a Busca do Sangreal. Foi-lhes mostrada uma espada partida que nem Percivale nem Bors conseguiram reparar. Galahad, no entanto, conseguiu emendá-la, deixando-a como se ela nunca tivesse se partido.

Foi anunciado que o Graal serviria aos merecedores e que, portanto, os outros teriam que ir embora. Tanto o rei Pelles quanto seu filho tiveram que sair. Quatro mulheres entraram carregando um leito com um homem doente usando uma coroa de ouro. Esse homem estivera à espera de Galahad para curá-lo. Um homem desceu do céu usando os paramentos de bispo e as letras na sua fronte indicavam que ele era José de Arimatéia. Anjos entraram com velas, uma toalha e uma lança sangrando, José de Arimatéia ergueu um pedaço de pão no alto e eles viram a imagem de um rosto entrar no pão. José de Arimatéia colocou o pão no Graal, beijou Galahad e pediu que ele beijasse os outros. Jesus, com as marcas da crucificação, saiu do Graal e deu a comunhão a todos.

Jesus disse que o Sangreal era o prato no qual ele havia comido o Cordeiro Pascal na Última Ceia. Também lhes disse que eles veriam o Graal mais claramente na cidade de Sarras. Eles deviam ir para lá e levar o Graal, porque seus guardiões do castelo não o haviam guardado como deveriam. Ele disse ainda a Galahad para untar o velho rei com o sangue da lança. O rei foi curado e eles deixaram o castelo.

Sarras

Em três dias, eles chegaram a um navio, onde descobriram que estava o Graal. O navio singrou para Sarras e, quando lá chegaram, eles descobriram que o navio com o corpo da irmã de Percivale havia acabado de chegar para encontrá-los. Já em terra firme, depois de Galahad ter curado um aleijado, eles foram enterrar a irmã de Percivale.

Os três disseram ao rei que tinham chegado com o Graal, mas o rei era malvado e mandou-os para a prisão, onde o Graal os sustentou por um ano. Quando o rei morreu, as pessoas pediram a Galahad que fosse seu rei e ele concordou por determinado tempo. Um ano depois, ele levantou cedo para ir à capela do Graal. Ali encontrou José de Arimatéia e anjos celebrando a missa. José de Arimatéia convidou Galahad para se aproximar e ver o que queria. Diante da visão, Galahad quis morrer. Depois que José de Arimatéia lhe deu a comunhão, Galahad beijou Percivale e Bors e mandou saudações a Lancelot. Ele morreu e os anjos levaram sua alma para o céu. Uma mão desceu do céu e pegou o Graal, que jamais voltou a ser visto neste mundo.

Duas Versões da Lenda do Graal

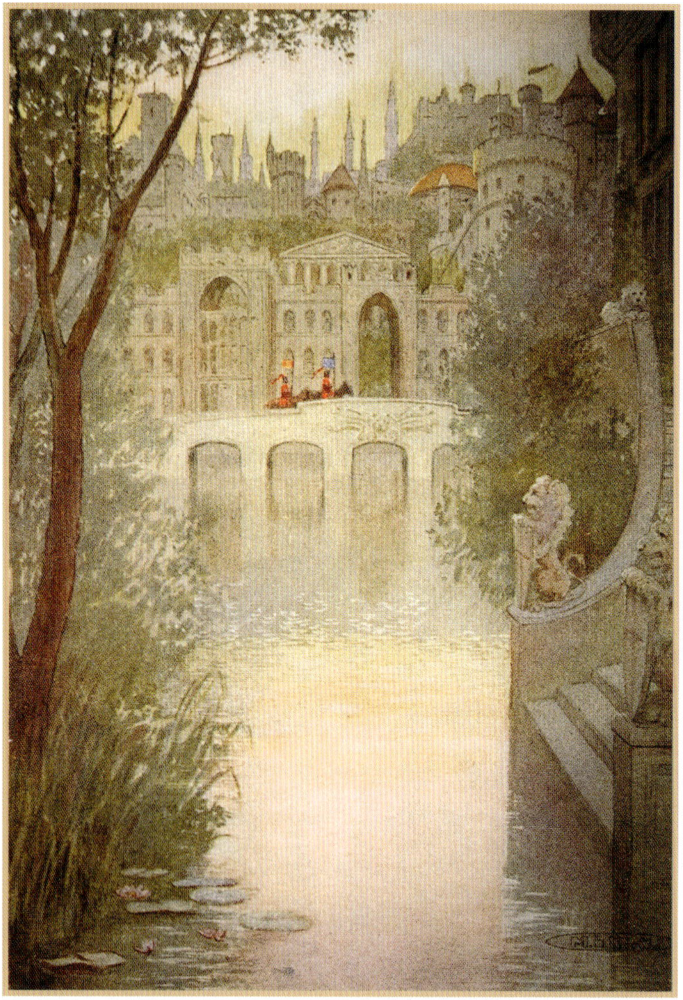

Depois de terem sepultado Galahad ao lado da irmã de Percivale, Bors e Percivale foram para a floresta. Percivale tornou-se ermitão e Bors permaneceu com ele, apesar de não ter-se tornado um religioso. Percivale morreu um ano e dois meses depois e Bors enterrou-o junto de Galahad e sua irmã. Bors retornou então ao castelo de Camelot, para levar notícias da Busca do Graal e para transmitir a mensagem de Galahad a Lancelot. A corte rejubilou-se com a notícia de que a Busca havia sido concluída.

O Pequeno Livro do Santo Graal

Resgatando o Aspecto Feminino do Cristianismo

Como pudemos constatar, as lendas do Graal são consideradas heréticas pela doutrina da Igreja, mas muitos acreditam que a verdadeira lenda do Graal seja ainda mais herética para uma Igreja que negou autoridade espiritual às mulheres por quase dois milênios. Essa é a história da esposa de Jesus. Essa história é uma grave heresia do ponto de vista da Igreja, e a experiência dos cátaros deveria ter bastado para convencer as pessoas de que ela não podia ser contada de maneira direta. Teria que ser envolta num simbolismo tal que só os iniciados entendessem seu significado.

A Versão Secreta: O Cálice é uma Mulher

Os Evangelhos canônicos contam a história da crucificação, mas nenhum deles menciona o sangue de Jesus que teria jorrado de uma ferida e sido colhido em algum tipo de vaso. Jesus de fato foi ferido no flanco com uma lança, mas já estando morto não poderia ter sangrado muito. Mas e se a história da coleta do sangue de Jesus não for um relato que se refira literalmente ao sangue, mas aos seus laços sangüíneos? Nós entendemos que os membros de uma família têm o mesmo sangue e falamos de descendentes em termos de consangüinidade.

E se o vaso não for nem uma taça nem um cálice, mas o próprio receptáculo vivo do corpo de uma mulher? A taça ou o cálice era um símbolo antigo da feminilidade e do útero.

Essa idéia é herética, porque a doutrina da Igreja insiste em afirmar que tanto Maria, a mãe de Jesus, quanto o próprio Jesus mantiveram-se virgens. A

Resgatando o Aspecto Feminino do Cristianismo

O Pequeno Livro do Santo Graal

Igreja transformou a virgindade em virtude máxima e muitos cristãos levaram isso tão a sério que o filme *A Última Tentação de Cristo*, que mostra Jesus sujeito às tentações do sexo, chegou a provocar pequenos tumultos.

Não obstante, há muito pouco no Novo Testamento que poderia nos dar pistas sobre o estado marital de Jesus. O judaísmo nunca favoreceu o celibato e Jesus era definitivamente um judeu. O matrimônio e a constituição de uma família eram em geral considerados partes importantes do modo de vida judaico. Alguns grupos judaicos daquela época, como os essênios, eram tidos como celibatários, mas eles viviam reclusos e tendiam a ser legalistas em suas interpretações da Lei. Em suas andanças, o Jesus do Novo Testamento andava acompanhado de um grupo de discípulos, incluindo um número considerável de mulheres. Ele desafiava as interpretações legalistas da Lei, defendendo seus discípulos famintos que furtavam comida no dia de Sabá, bem como seu direito de curar nesse dia. Ele comia na companhia de pessoas que seriam consideradas sujas (ou pecadoras). Pelo que sabemos, ele não se enquadrava no perfil dos membros de qualquer grupo celibatário.

Jesus também era chamado às vezes de Rabino, no Novo Testamento. Em geral, os homens só tinham permissão para se tornar rabinos depois de casados. Por isso, esse título dado a ele tende a indicar que ele era casado, como era de se esperar de qualquer homem judeu de sua idade. Temos informações históricas sobre as críticas que outros grupos faziam de Jesus. Ele foi, obvia-

O Pequeno Livro do Santo Graal

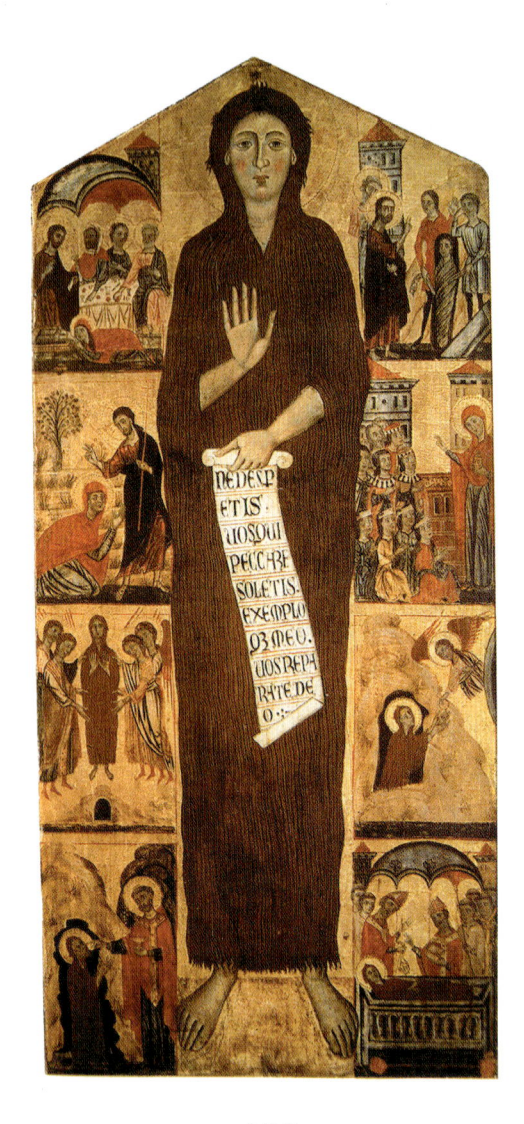

mente, condenado à crucificação como criminoso. A história de ter nascido de uma virgem resultou na acusação de que ele era filho ilegítimo, mas não consta nenhuma denúncia por ele não ser casado, o que seria de se esperar daquela época e cultura. Nessa época, julgava-se que o homem solteiro não estivesse cumprindo suas obrigações religiosas. Como poderia um homem desses ser um líder religioso? No entanto, Jesus nunca foi objeto dessa acusação.

Nada disso prova que Jesus tenha sido casado, mas indica que havia essa possibilidade. Se Jesus foi casado, quem foi sua esposa? A candidata mais provável é a mulher que, segundo a lenda, colheu seu sangue num cálice ou num cesto de ovos. Nesse contexto, ambas as versões da lenda baseiam-se num forte simbolismo do útero e da fertilidade. E essa mulher é Maria Madalena.

O Pequeno Livro do Santo Graal

Maria Madalena e o Sangue Sagrado

Muitas pessoas do Ocidente não acreditam que Maria Madalena tenha sido a provável esposa de Jesus, uma vez que ela foi caracterizada pela Igreja Ocidental como uma prostituta e exaltada como pecadora arrependida. O papa Gregório tornou essa descrição o retrato oficial de Maria Madalena no século VI. Só não se sabe ao certo se ele se baseou em teorias anteriores ou se criou a sua própria. O que se pode dizer é que não existe no Novo Testamento nenhuma passagem que confirme suas afirmações. A Igreja Católica reconheceu esse fato em 1969, deixando em aberto a questão de qual seria na realidade o papel de Maria Madalena.

Os três primeiros Evangelhos a apresentam como a líder das mulheres por ocasião da crucificação, enquanto os Evangelhos segundo São Marcos e São Mateus a descrevem como a primeira testemunha da ressurreição e quem levou a mensagem aos outros apóstolos. No Evangelho segundo São João, Maria Madalena é retratada como parte de um grupo familiar, quando está ao

O Pequeno Livro do Santo Graal

pé da cruz com o discípulo querido e a mãe e a tia de Jesus. Aqui também ela é descrita como testemunha da ressurreição.

Nos textos apócrifos, Maria Madalena é descrita como companheira de Jesus, a mulher que Jesus amava mais do que aos outros discípulos e a mulher que ele beijou. Segundo alguns, esse beijo foi puramente simbólico e místico, mas pode não ter sido. Ela é também caracterizada como a discípula que entendeu melhor os ensinamentos de Jesus e que melhor os transmitiu aos outros. Ela consola os outros discípulos após a morte de Jesus e os incentiva a difundirem a palavra.

Esses textos referem-se a ela como "a mulher que sabia Tudo", "a mulher que revelou a grandeza do revelador", "aquela que é a herdeira da luz" e "a apóstola que sobrepuja os demais".

Tudo isso indica que Maria Madalena pode muito bem ter sido a esposa de Jesus, além de um de seus discípulos e apóstolos mais importantes. Pela data em que foram escritos os textos apócrifos, é muito provável que tenha existido uma doutrina tradicional em torno de Maria Madalena no início do século II e, muito possivelmente, também no próprio século I.

Nas primeiras versões do cristianismo, Maria Madalena, e não Maria, a Mãe, foi a mulher mais importante na vida de Jesus. A Igreja Oriental ajudou a substituir Maria Madalena por Maria, a Mãe de Jesus, chegando mesmo a alterar alguns textos apócrifos para fazer com que Maria, a Mãe de Jesus, ficasse parecendo a Maria Madalena junto da sepultura e a testemunha da ressurreição. Apesar disso, a Igreja Oriental jamais aviltou Maria Madalena como uma prostituta, como fez a Igreja Ocidental ao longo de quinze séculos.

A Igreja Oriental tem duas lendas a respeito de Maria Madalena e os ovos. Segundo uma delas, que já mencionamos, ela manteve-se ao pé da cruz, recolhendo o sangue de Jesus num cesto de ovos que ficaram vermelhos. A outra diz que ela foi a Roma, acompanhada de Maria, a Mãe de Jesus, e apareceu diante do imperador Tibério. Quando Maria Madalena contou a ele a história da ressurreição de Jesus, ele a ridicularizou, dizendo que assim como nenhum homem podia ressurgir dos mortos, tampouco um ovo podia ficar vermelho. Em resposta, Maria Madalena pegou um ovo que, no mesmo instante, tornou-se vermelho vivo.

Outra lenda floresceu na França um pouco antes das Cruzadas e imediatamente antes do surgimento das lendas do Graal. Segundo essa lenda, após a crucificação, Maria Madalena foi retirada da Terra Santa e lançada ao mar num barco sem remos. Milagrosamente, esse barco levou-a em segurança até Marselha. Conta a lenda que ela converteu as pessoas dali e depois retirou-se para viver em contemplação. A busca pelo corpo dela tornou-se algo comum na Idade Média e, com a costumeira indulgência excessiva da época, foram "encontrados" cerca de seis corpos de Maria Madalena.

Existe ainda outra lenda, provavelmente relacionada com o Evangelho segundo São João, segundo a qual Maria Madalena teria ido para Éfeso viver com Maria, a Mãe de Jesus, e que lá teria se tornado reclusa. Se existe alguma

RESGATANDO O ASPECTO FEMININO DO CRISTIANISMO

O Pequeno Livro do Santo Graal

verdade nessas lendas, é possível que ela tenha ido primeiro para Éfeso e depois para Marselha, onde teria finalmente seguido uma vida de contemplação.

A construção do templo-mosteiro de Santa Maria Madalena, em Vézelay, foi iniciada em 1096 e concluída por volta de 1100, algumas décadas antes de a primeira versão da lenda do Santo Graal ter sido escrita. Esse santuário dedicado a Maria Madalena foi o mais importante centro de peregrinação da França na época e o mais importante lugar de peregrinação do cristianismo, depois de Jerusalém, Roma e Santiago de Compostela, na Espanha, onde, segundo a lenda, encontra-se enterrado o corpo de São Tiago.

Existe uma teoria de que foram os cátaros que guardaram o segredo de Maria Madalena e que foi por causa do desenvolvimento de sua cultura que as lendas a respeito dela ganharam popularidade. O respeito que demonstravam pelo feminino na religião, assim como os tributos dos trovadores à Dama, pode ter sido em reverência a Maria Madalena. Se os cátaros tinham informações que contradiziam a doutrina cristã ortodoxa, a extrema violência da Igreja contra eles torna-se mais compreensível. Os relatos dos trovadores influenciados pela cultura cátara tornaram-se um componente importante da lenda do Graal, como também o relato de que o sangue de Jesus fora levado para a Europa num cálice sagrado.

Se é verdadeira a lenda de que os segredos dos cátaros foram preservados, o que aconteceu com eles? Uma possibilidade é que eles tenham sido confiados aos aliados dos cátaros, ou seja, os cavaleiros templários. Muito poucos templários franceses eram de famílias cátaras e suas ligações com a comunidade cátara eram fortes. Se os cátaros estavam atrás de um grupo que fosse suficientemente forte para proteger seus segredos e tesouros, os cavaleiros templários constituíam a escolha mais provável.

Muitos acreditam que os cavaleiros templários tenham tido seus próprios segredos. A teoria é que Bernardo de Clairvaux e o Conde de Champagne descobriram que havia algo importante enterrado sob o Templo de Jerusalém. Eles usaram sua influência para que tanto a Ordem de Sião quanto a dos cavaleiros templários tivessem sua sede em Jerusalém e acesso ao monte do Templo. Do que eles encontraram, uma parte pode ter sido informações a respeito da vida de Jesus e sua relação com Maria Madalena. Sabemos, pela descoberta dos Manuscritos do Mar Morto, que certos textos do judaísmo haviam sido escondidos antes da guerra com Roma no século I, de maneira que não seria nenhuma surpresa se os cavaleiros templários tivessem encontrado alguns deles.

Se os cavaleiros templários tinham realmente informações que ameaçavam a Igreja, esse fato pode ter contribuído tanto para o seu meteórico progresso rumo ao poder e à riqueza como para sua súbita derrocada. Os relatos históricos são claros quanto ao fato de os templários terem conseguido fugir da França com seu tesouro e sua frota de navios e jamais terem sido capturados pela Igreja. De acordo com uma versão popular, a frota singrou em direção aos fortes da Ordem dos Templários na Irlanda e dali para a Escócia. A Escócia era uma escolha provável, porque seu rei naquela época era Robert Bruce, que estava em desacordo com a Igreja e havia sido excomungado. Ele

RESGATANDO O ASPECTO FEMININO DO CRISTIANISMO

provavelmente não atendia às ordens da Igreja e pode muito bem ter acolhido os inimigos do Vaticano.

Se o tesouro dos templários e, talvez, o dos cátaros, foram para a Escócia, o que aconteceu com eles depois disso? Uma organização escocesa declara-se há muito tempo ter-se originado dos cavaleiros templários: os franco-maçons. Originalmente, os franco-maçons formavam uma organização corporativa de construtores, mas essa acabou evoluindo para uma forma de franco-maçonaria especulativa, que passou a incluir o interesse por temas antigos e ocultos, os quais pareciam ser também temas de interesse dos templários.

Existe uma capela muito interessante na Escócia, chamada capela Rosslyn, que tem atraído o interesse dos pesquisadores do Santo Graal. Embora seja considerada uma igreja cristã, ela está repleta de imagens pagãs, como sofisticadas peças de arte maçônica, além de ter dado origem a uma lenda franco-maçônica a respeito de um mestre-de-obras que matou um aprendiz por inveja do seu trabalho. Muitos acreditam que o tesouro e os segredos dos templários tenham sido enterrados ali pelo menos uma vez.

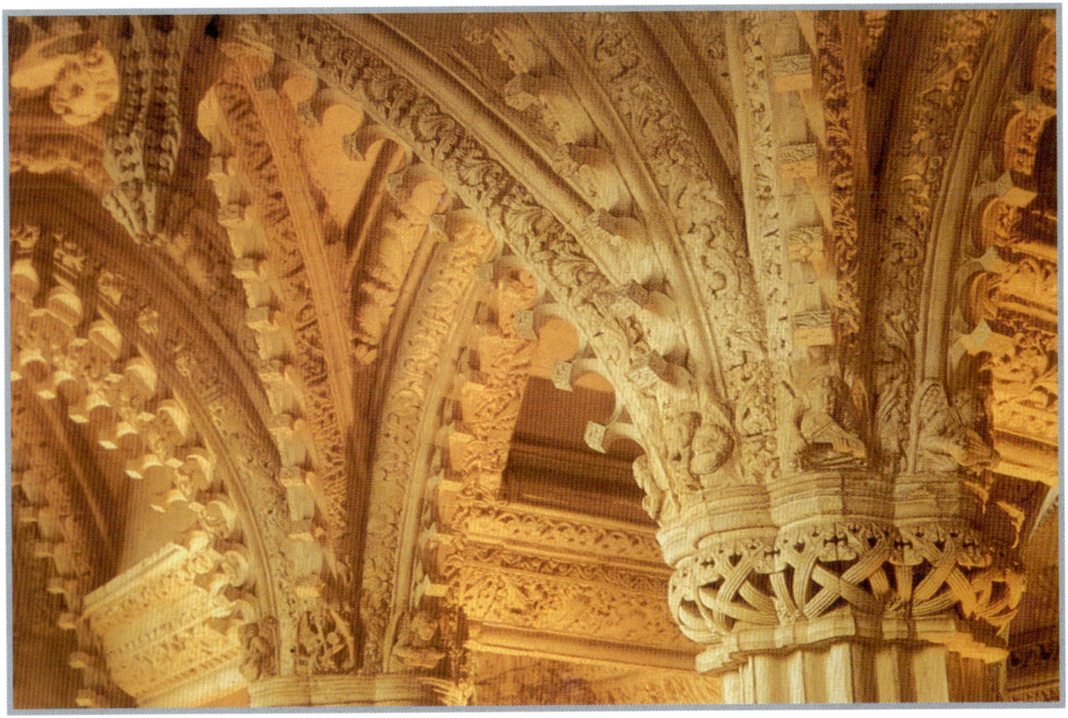

O Pequeno Livro do Santo Graal

A Conspiração Continua?

Outra versão da lenda do Graal com respeito a Maria Madalena aponta para a possibilidade de os descendentes de Jesus e Maria Madalena terem-se misturado, por matrimônio, com os descendentes da dinastia real dos merovíngios, na França. O último rei merovíngio oficial foi Dagoberto II, que foi assassinado no ano de 679. O trono francês foi posteriormente usurpado pelos carolíngios. Em conseqüência disso, a lenda de Maria Madalena foi entrelaçada à história da linhagem de sangue, ou sangue real, o Sang Real.

Que a história de Maria Madalena apareça às vezes entrelaçada à defesa do retorno da dinastia merovíngia é algo um tanto quanto irônico. Os soberanos carolíngios desposaram princesas merovíngias e a linhagem de sangue continuou na casa real. A controvérsia está baseada na crença de que a linhagem masculina seja mais importante do que a feminina e que os descendentes de merovíngios tinham mais direito a governar do que as descendentes.

A história das linhagens de sangue foi realimentada pela descoberta de um conjunto de documentos chamados *Dossiês Secretos*, na Biblioteca Nacional da França, onde eles foram guardados em 1956. Segundo consta nesses documentos, a Ordem de Sião continuava existindo até aquele momento como uma ordem não-religiosa conhecida como Priorado de Sião e que era ela a detentora dos segredos dos templários. Os documentos também relacionam os grão-mestres passados do Priorado de Sião. Essa relação inclui várias mulheres que foram grã-mestras nos primeiros séculos, mas não em tempos mais recentes. A lista de grão-mestres inclui alguns dos homens mais famosos de seu tempo, como Leonardo da Vinci, Robert Fludd, Isaac Newton e Victor Hugo.

Leonardo da Vinci é provavelmente a figura mais interessante da lista, pois consta que no mínimo uma de suas pinturas apresente uma visão singular de Maria Madalena. A sua pintura do século XV em têmpera e óleo sobre gesso, no convento de Santa Maria das Graças em Milão, foi restaurada muitas vezes ao longo dos séculos. Quando recentemente ela voltou a ser restaurada, os trabalhos canhestros dos antigos restauradores foram removidos, revelando uma figura extremamente feminina sentada do lado direito de Jesus. Os peritos em arte dizem tratar-se de João, que foi retratado muitas vezes, pela arte italiana, como um jovem bonito e de traços femininos. Outros acreditam ser um retrato de Maria Madalena, sentada ao lado de Jesus.

Resgatando o Aspecto Feminino do Cristianismo

Na pintura, Pedro inclina-se para a figura feminina com uma expressão possivelmente hostil na face. Atrás dele, aparece uma mão – segundo alguns, desmembrada – segurando uma adaga. Os peritos em arte dizem que o braço pertence a Pedro e um exame atento da pintura revela que a mão é de Pedro, posicionada num ângulo fora do comum, como se ele estivesse tentando esconder a adaga. Isso pode ser visto mais nitidamente na cópia da pintura de Leonardo da Vinci feita por Marco d'Oggiono, por volta de 1530.

O braço com a adaga foi explicado como sendo uma representação de Pedro empunhando a espada quando os soldados romanos chegaram para prender Jesus, mas a detenção de Jesus ocorreu no Jardim de Getsemani, não na Última Ceia. Por outro lado, Leonardo da Vinci representou Judas apertando seu saco de moedas de prata, de maneira que a faca pode representar a espada empunhada no jardim. Mas essa não é a única explicação possível.

Os textos apócrifos a respeito de Maria Madalena, descobertos no século XX, oferecem outra explicação. Nesses textos, Pedro aparece como adversário de Maria Madalena, com ciúme de sua relação com Jesus e ressentido com sua posição de principal apóstolo. Maria Madalena o descreve como uma ameaça a todas as mulheres e confessa ter medo dele. Em combinação com a lenda de que Maria Madalena foi obrigada a deixar a Terra Santa, essa descrição de Pedro levanta questões interessantes.

Resgatando o Aspecto Feminino do Cristianismo

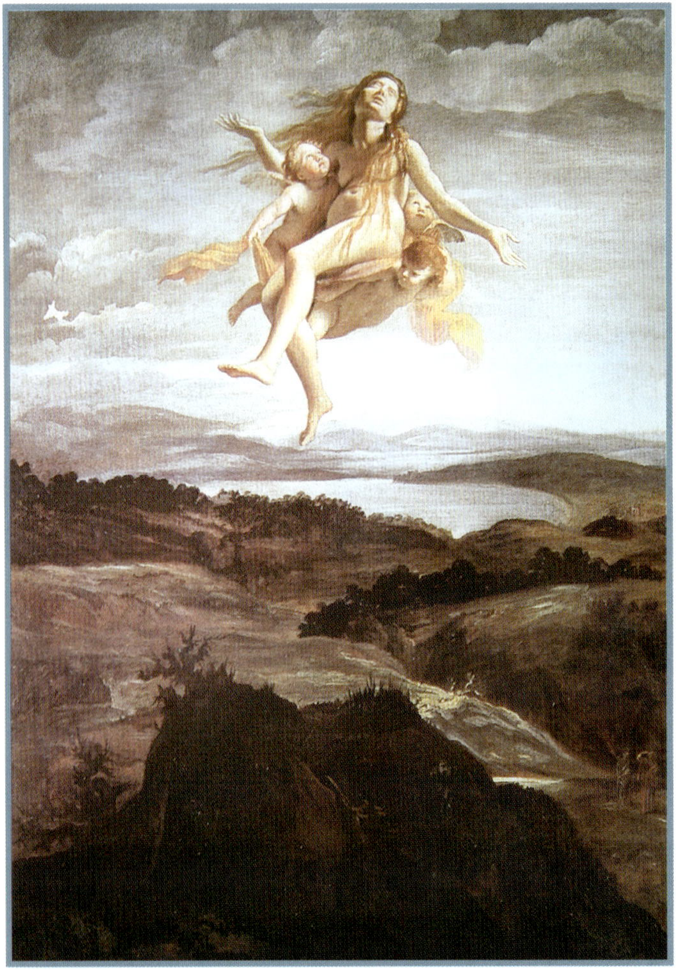

Esses textos só foram descobertos muitos séculos depois da morte de Leonardo da Vinci, mas, se ele realmente foi membro de uma organização com acesso a informações sobre os cátaros ou os templários ou ainda aos grupos gnósticos que preservavam a tradição com respeito a Maria Madalena e Pedro, isso poderia explicar o semblante aparentemente ameaçador de Pedro e a adaga que poderia ter como alvo a figura feminina.

Se Leonardo da Vinci tivesse a intenção de passar uma mensagem secreta nessa pintura, como alguns acreditam, ele não o teria feito de maneira tão obviamente herética e, portanto, não seria de surpreender que os peritos em arte fossem capazes de defender com tanta veemência a ortodoxia da pintura e explicar seus antigos traços. Cada um terá de julgar por si mesmo quais eram as intenções de Leonardo da Vinci. Seria uma mensagem sutil a respeito do papel de Maria Madalena e da ameaça que Pedro e outros apóstolos masculinos representavam para ela e para as mulheres cristãs em geral?

Por outro lado, existem poucas evidências históricas que corroborem a afirmação de que o Priorado de Sião era a continuação da antiga Ordem de Sião. A lista de mestres passados que consta nos *Dossiês Secretos* começa com os mesmos oito nomes da antiga lista franco-maçônica dos Grão-Mestres Templários secretos e pode muito bem ser uma continuação dela. Nós não sabemos se Leonardo da Vinci chegou realmente a ter alguma relação com os franco-maçons ou com o Priorado de Sião e nem mesmo se ele teve algum interesse em Maria Madalena ou em linhagens merovíngias.

RESGATANDO O ASPECTO FEMININO DO CRISTIANISMO

A Busca do Santo Graal nos Dias de Hoje

Nos dias de hoje, a busca do Santo Graal assume formas diferentes para diferentes pessoas. É a busca por desvendar um mistério e descobrir o que realmente aconteceu, a tentativa de descobrir a verdade histórica e reivindicar o aspecto feminino do cristianismo. É a busca da descoberta de uma linhagem de sangue que possa facilitar o Retorno do Rei. Para os poucos que reclamam essa linhagem, ela pode representar uma busca de poder.

Para outros, a busca não tem nada a ver com história. É a jornada arquetípica de Perceval em busca de mais compreensão e compaixão. É a busca de uma união mística e do resgate do sagrado em nosso mundo secular. É a busca da origem última e do sentido da vida.

Agradecimentos

Angelika Engelhardt-Rotthaus, Bingen, 81; Archivo Scala, Florença, 126; Art Resource, 34; Arthur Rackham, 44, 68, 98, 103; Bibliotheca Real, Madri, 28; Bibliotheque de l'Arsenal, Paris, 116; Bibliotheque Nationale, Paris, 47, 108, 113, 139; Bildarchiv Preussischer Kulturbesitz, Berlim, 14; Birmingham City Museums & Art Gallery, Birmingham, 82, 107, 119; Bodlien Library, Oxford, 11; Bridgeman Art Library, Londres, 27; British Library, Londres, 32, 59, 73, 93; British Museum, Londres, 40; Chateau d'Ecouen, 147; Igreja de São Vital, Ravenna, 19; Coleção Isabela Far De Chirico, Roma, 125; Dante Rossetti, 76; Gallerie dell'Academia, Florença, 128; Holy Transfiguration Monastery, Brookline, MA, 135; Hubert Josse, Paris, 20; Kunsthistorisches Museum, Viena, 8; Louis Rhead, 54, 67, 75, 88, 94, 96, 104; M. L. Kirk, 11; Manchester City Art Galleries, 122; Mary Evans Picture Library, Londres, 22, 85; Musee Jaquemart-Andre, França, 151; National Gallery of Scotland, Edinburgo, 142; National Gallery, Londres, 136: National Geographic, 17, 24; National Museum of Ireland, 63; National Trust, Inglaterra, 114; Osterreichische Nationalbibliothek, Viena, 90; Parish of St. Godehard, Hildesheim, Alemanha, 132; Rosslyn Chapel, Escócia, 141; Scala, Florença, 33; Stifsbibliothek in Kremsmunster, 6; Tate Gallery, Londres, Capa, 76; Tretyakov Gallery, Moscou, 53; Galeria Uffizi, Florença, 130, 148; Universitatbibliothek Heidelberg, 12, 71, 86; Weitzmann Schatzkammer Munchen, 50.

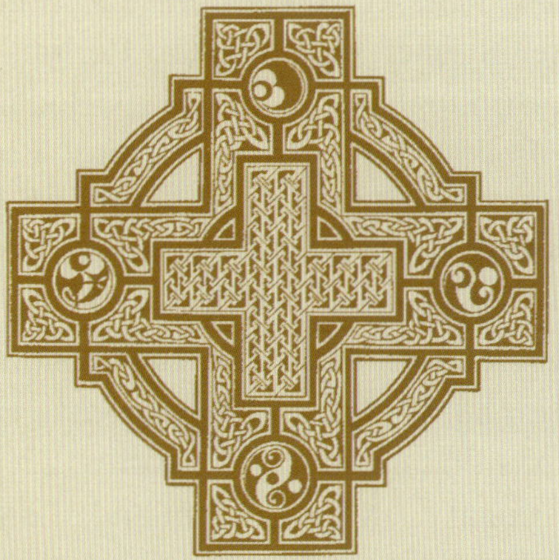